MEU VALOR
DEPRESSÃO
EU TE CONHEÇO

MARTA LOPES

MARTA LOPES

MEU VALOR
DEPRESSÃO
EU TE CONHEÇO

2ª EDIÇÃO - 2023

SANTO ANDRÉ, SP

Geográfica
editora

Diretora editorial
Maria Fernanda Vigon

Editor assistente
Adriel Barbosa

Diagramação
Abra Propaganda

Revisão
Patrícia de Oliveira Almeida

Capa
Rodrigo Massagardi

SIGA-NOS NAS REDES SOCIAIS

 geograficaed

 geoeditora

 geograficaeditora

 geograficaeditora

Geográfica editora

L864m	Lopes, Marta
	Meu valor, depressão eu te conheço. Marta Lopes. Santo André: Geográfica, 2023.
	16x23 cm; 192p.
	ISBN 978-65-5655-376-4
	1. Vida cristã. 2. Depressão. 3. Orientação espiritual. I. Título.
	CDU 248.151

SUMÁRIO

INTRODUÇÃO 13

CAPÍTULO 1
O QUE NÃO É DEPRESSÃO 15
Frescura, coitadismo ou "mi-mi-mi"? 17

CAPÍTULO 2
O QUE É DEPRESSÃO 25
Causas 7
Tipos 36

CAPÍTULO 3
A DOR E SEU VALOR 47
Dor Física 49
Dor Emocional 49
Dor Social.. 52
Dor da Alma 58

CAPÍTULO 4

CRISE: VILÃ OU MOCINHA?... 61
Crises Depressivas 65
Íman na cama 65
Ninguém me entende.. 66
Suicídio... 69
Automutilação 76
Vergonha.. 79
Mídia Social...80
Abuso de álcool.. 81
Solidão / Isolamento 83

CAPÍTULO 5

VIVER E CONVIVER COM A DEPRESSÃO 89
Motivação...90
Relacionamentos..92
Empatia.. 95
Feedback 96
Cobranças... 97
Como ajudar sem entrar nessa também? 95

CAPÍTULO 6

TRATAMENTOS: AJUDANDO A SI MESMO!........................105

Espiritualidade..107

Autoconhecimento..111

Processos de coaching..112

Detox Mental...114

Medicação...116

Terapias...117

Aconselhamento Cristão...121

Temperamentos...122

Mindfulness...125

Atividade Física...127

Alimentação...129

CAPÍTULO 7

ACEITAÇÃO E ESCOLHAS..133

Perdão...136

Amizades...139

Doação / Filantropia / Altruísmo.....................................140

Gratidão...142

CAPÍTULO 8
SUPERAÇÃO, QUAL É A SUA? 145

CAPÍTULO 9
COMO TER EQUILÍBRIO MENTAL E SER FELIZ 151

CAPÍTULO 10
TEMOS VALOR 163

CONCLUSÃO...166

REFERÊNCIAS BIBLIOGRÁFICAS.......................................169

D edico este trabalho à minha filha, o grande milagre recebido, que tem sido minha maior alegria para realmente viver e não só sobreviver inerte. Meu tesouro inexplicável, quem primeiramente me encorajou: "Mamãe, você deveria escrever um livro".

E ao meu querido e valente esposo, meu melhor amigo e inquestionável companheiro. Obrigada por seu amor, seu amparo e paciência em períodos de crises, procurando compreender e ajudar de alguma maneira mesmo sem saber como. Eu o amo profundamente e lhe devo muitos momentos de superação. "Quando vamos lançar um livro seu?". Penso que neste corpo viveremos e morreremos, e onde investirmos o nosso amor, investiremos nossa vida. Obrigada por investir em nós.

Diariamente agradeço a Deus pelo temperamento que ele me deu. Por ter formado meu ser exatamente como é, por eu estar aqui hoje, viva e lutando pelas respostas e direções. Por ele me oferecer uma esperança de vida eterna, razão pela qual levanto nos dias mais difíceis. Também agradeço pela oportunidade, força e inspiração no momento da escrita e franqueza para expor um assunto encarado como tabu grande parte da minha vida.

Agradeço aos meus avós, exemplos de vida espiritual, meus amores e minha inspiração.

À minha mãe, mulher corajosa e guerreira, um porto seguro em momentos de desespero: "Você precisa escrever, compartilhar com o mundo suas experiências e descobertas".

Agradeço ao meu pai por enxergar em mim o que eu não conseguia: "Como uma pessoa tão inteligente pode ter uma doença tão incapacitante?"

Aos meus três irmãos, meu tio Neno, minha amiga Nara e às duas irmãs que a vida me deu, companheiras desde a infância, mesmo agora distantes: Gi, por me apoiar sem julgamentos; Ci, por me abraçar e proteger muitas vezes.

À minha equipe: obrigada pelo apoio e dedicação.

P rezado leitor, cada um de nós vê a realidade de um jeito. Mesmo entre filhos dos mesmos pais, com mesmo código genético, existem variações na percepção de cada indivíduo.

Dentro da mesma família, cada filho precisa conquistar seu espaço e encontrar a própria identidade.

Do ponto de vista espiritual, também somos únicos e insubstituíveis. Somos seres sensíveis que enfrentam seus dilemas, suas enfermidades e seus demônios diariamente. Cada um de nós com seu valor perante o Criador e seus mistérios.

Fui uma criança "boazinha" que não dava trabalho, não reclamava e sofria calada em nome do que acreditava ser amor e paz. Quando entrei na adolescência, consegui unir forças para enfrentar o artificial, a imposição de "normalidade", do "sempre foi assim" ou "tem que ser assim", e comecei a incomodar muitos com questionamentos, posturas diferentes e pensamentos "fora da caixinha".

Eu não era como alguns que aceitavam o que era imposto como algo melhor para nós. Meu espaço estava muito apertado, minha identidade era mais expansiva e a realidade era vista e sentida de forma diferente por mim. Sempre olhava para as pessoas e conseguia, desde pequena, ver a raridade que existe em cada ser humano.

As imposições relacionadas ao meu falar, agir, vestir e pensar geravam tanto sofrimento e senso de desvalor que me faziam experimentar uma infelicidade constante.

Traziam-me um sentimento de não fazer parte do grupo, por pensar diferente, sentir diferente, estar "errada" na visão da maioria dominante, e medo da rejeição ou abandono.

O amor que me impulsiona é tão grande e verdadeiro que eu não poderia mais guardar minha história, minhas experiências e aprendizados sem compartilhá-los.

Vejo que há muitas pessoas sofrendo como eu e a maior parte delas está sem saber onde encontrar apoio e amor, perdidas em seu mundo interno, obscuro e secreto, buscando por uma luz no fundo do poço. Um poço no qual muitas vezes nos jogam uma corda, mas não encontramos força interior para subir por ela.

Com toda a dificuldade emocional e psíquica, consegui chegar até aqui. Essa sou eu, com meus defeitos e qualidades; com muita humildade escrevo estas páginas.

Culpo minhas piores experiências pelo desencadeamento das crises depressivas, por tamanho sofrimento, mas também reconheço que somente por causa delas posso ajudar e entender as pessoas que encontro por onde vou, em qualquer país que trabalho, de qualquer religião e cultura.

Neste livro você vai conhecer um pouco da vida de alguém que vence diariamente a depressão, com sua luta contra os próprios demônios, as consequências e os mitos. Saberá como aprendi a aceitar a enfermidade, tratar e conscientizar as pessoas com quem convivo, conquistando um estado de espírito libertador!

Também conhecerá as experiências espirituais que vivi e ainda vivo. Seja qual for a sua crença, saiba que a respeito. Todos nós temos a necessidade de encontrar a luz que desfarará as trevas em nosso coração e nos dará a verdadeira paz. Quando eu citar a Deus, é porque acredito nele como meu Criador e meu Guia, e desejo compartilhar a minha experiência com você.

Assim, o propósito deste livro é transmitir minha experiência, meus conhecimentos e humildes conselhos, embora não dê para escrever tudo o que aprendi durante a minha vida, convivendo diariamente com a depressão, e tudo que estudei, que pode contribuir para que cada um valorize mais a si mesmo e as pessoas que fazem parte da sua vida. Espero que este livro realmente contribua para o despertamento e a diminuição dos julgamentos sobre o tema e para que haja mais respeito por pessoas que, como eu, lutam diariamente contra o tão chamado "mal do século": a depressão.

Acredito no valor que Deus me deu e, a cada dia, descubro como isso é importante e quanto mereço ser amada, apesar de meus defeitos e debilidades.

Bem-vindo a essa jornada de descobrimento, que seu valor seja despertado cada dia mais.

Saiba que eu já te amo e que estamos juntos nessa luta.

Aproveite!

Voc*ê já deve ter ouvido falar em depressão; talvez você conviva com alguém que esteja enfrentando essa doença, ou ame um depressivo(a); talvez você tenha tido depressão em algum período da sua vida ou algum dia ainda sentirá essa dor.

O fato é que convivo com a depressão desde criança; ela tem feito parte da minha vida, da minha história, e não me penalizo mais por isso (já tive muita autopiedade e isso nunca ajudou).

Hoje, a depressão é conhecida como a doença mais incapacitante no mundo, que leva o indivíduo a sentir que é inútil e a menosprezar suas qualidades.

Você consegue imaginar quão difícil é para um ser humano que desenvolve essa doença sentir-se valorizado? Encontrar meu próprio valor, aceitar que posso amar do meu jeito e devo ser amada como sou, foi a maior e melhor descoberta em minha jornada.

Houve um tempo em que as pessoas diagnosticadas com depressão tinham de ser afastadas da sociedade. Em um tempo mais recente, em meados de 1970, ainda permanecia o tabu em torno dos problemas psiquiátricos, e as pessoas nunca admitiam que iam a psiquiatras ou que precisavam tomar alguma medicação antidepressiva. Entre as décadas de 1980 e 1990, quando uma criança na minha escola era direcionada a algum psicólogo ou psiquiatra, ganhava o estigma de "louca" ou "problemática". Naquela época, minha família nem aceitava ter de levar um de nós a um desses profissionais, porque éramos crianças "normais": "Meu filho vive bem, não precisa de tratamento. Essas professoras não sabem o que falam".

Hoje, com tantas pesquisas disponíveis, com a evolução contínua da ciência, especialmente no campo da Neurociência, e com o acesso rápido a informações através da internet, é possível entender, aceitar e desmistificar os tabus sobre a depressão.

Figuras públicas, artistas e atores já tornam público e compartilham com as pessoas o processo de depressão que enfrentaram ou ainda enfrentam e como vencem a doença dia após dia. Um exemplo é o ator americano Jim Carrey que, em uma entrevista à rede de TV norte americana CBS News definiu a depressão como uma doença de fases difíceis, mas também amenas, "com picos e vales, que são sempre cavados e suavizados para que você sinta um permanente desespero e fique sem respostas, mesmo que viva bem".

Como Jim, existem várias outras personalidades que, felizmente, tornam pública essa luta, ajudando a sociedade na conscientização da doença e suas vítimas a serem melhor compreendidas.

CAPÍTULO 1

O QUE NÃO É DEPRESSÃO

- Tristeza
- Mau humor
- Preguiça
- Falta de energia
- Fraqueza de alma

Sabe-se que existem componentes químicos envolvidos no processo depressivo.

O cérebro de quem está deprimido deixa de captar neurotransmissores, as ondas do cérebro ficam lentas e isso afeta o funcionamento do organismo como um todo.

Não é um sentimento de tristeza, mas um estado permanente de tristeza profunda. Sentir tristeza é normal para o ser humano, pois a tristeza é uma emoção (assim como a alegria, a raiva, o nojo etc.), mas o deprimido vive um estado profundo de tristeza permanente que o invalida, que o torna incapaz de exercer suas atividades básicas e diárias.

A depressão afeta a percepção que o indivíduo tem da vida, dos outros e de si mesmo. Precisamos estar saudáveis para lidar com a dor e a tristeza, porém o cérebro do deprimido está inflamado, adoecido e necessita de cuidado e atenção.

Agradeço a Deus por ter-me dado esse grande desafio, porque graças a isso sou hoje uma pessoa mais forte. Melhor ainda, adquiri essa força e valentia sem perder o amor e a sensibilidade para compreender o ser humano.

Evitar a tristeza a qualquer custo é um grande erro de pessoas que já experimentaram a depressão ou que têm medo de desenvolvê-la. Tentar escapar de algo que é inevitável é inútil. Ficar triste faz parte da jornada da vida, e entender quando essa tristeza beira ou já é um sintoma de depressão é a chave.

 **Depressão não é sinal de fraqueza, nem mental nem espiritual. Considero-me uma pessoa muito forte, passei por traumas, por situações que teriam levado muita gente a desistir da vida.**

Acredite na sua força! Sim, você é forte. Não se trata de uma frase de autoajuda, é a realidade. Se as suas forças estão se esgotando, peça ajuda. Se alguém lhe pedir ajuda, abrace sem julgamentos.

> *Nunca despreze uma pessoa deprimida. A depressão é o último estágio da dor humana.*
> Augusto Cury

Frescura, coitadismo ou "mi-mi-mi"?

Neste momento, inúmeras reações químicas estão acontecendo dentro de nós e, dependendo de fatores químicos, um momento é diferente do outro. Não sentimos a mesma disposição ou coragem o tempo todo. Esses fatores químicos podem alterar o nosso humor, disposição, sono, hormônios, alterações psíquicas entre outras coisas.

É comum ouvirmos frases como "Deixa de frescura", "Que bobagem!", ou a preferida de minha mãe "Que frescura menina!"

Na língua informal, a palavra "frescura" significa comportamento muito melindroso, sensível ou sentimental. Tive colegas que por pura "frescura" não queriam sair uma noite porque fulano estaria junto e não gostavam dele. Minha filha, aos 4 anos, queria tirar a cebola picada da comida porque tinha nojo ao ver a cebola ali. Esses comportamentos podem ser chamados de frescura, e estão longe de chamar minha atenção.

Agora, o alerta em meu radar para depressão soa um grande *bip* quando ouço frases como: "Tenho tudo e não sou feliz", "Não tenho vontade de me alimentar", "As pessoas não gostam de mim", "Prefiro ficar sozinho na escola", "A natureza me incomoda", "Ninguém me entende na minha casa", "Só consigo ficar feliz quando bebo" (bebida alcoólica), "Não vejo razão em continuar vivo", "Para que tomar banho?", "Só tenho vontade de ficar na minha cama", "Fico acordado a noite toda, pensando, daí durante o dia tenho sono", ou outras falas que indicam incapacidade, baixa autoestima, autodesvalorização, excesso de isolamento, baixa energia ou alta intolerância.

Alguns anos atrás, se minha mãe ouvisse algumas das frases acima, diria que tudo isso é frescura e tiraria o indivíduo da cama à força, nem que fosse embaixo de tapas ou chineladas, para ir até a mesa de jantar onde um prato de bife de fígado acebolado o aguardaria, ao lado de um suco de laranja para descer goela abaixo, porque talvez fosse "anemia". Boa a intenção, porém seria um caso muito mais difícil do que anemia.

Outras pessoas que conheço afirmariam ser preguiça, mimo ou idiotice. Outras ainda orariam porque talvez algum "espírito mau" estivesse incorporando a mente da pessoa — não descrendo da espiritualidade, muito menos indo contra orações porque elas têm muito poder em seus efeitos. Contudo, existem guerras espirituais que ocorrem por alguma alteração na mente e depressão é uma delas.

Tristemente, alguns acreditam que esses pensamentos são típicos de uma pessoa que se faz de "coitada".

Fazer-se de coitado não parece ser muito saudável; normalmente pessoas que têm esse horrível costume usam do artifício para:
- Chamar a atenção do outro (carência afetiva);
- Manipular o outro (neuroses ou transtornos);
- Comunicar dor (autoproteção ou autocompaixão).

O doutor Augusto Cury (2008; p.48), psiquiatra e escritor, define:

> *O coitadismo é a arte de ter compaixão de si mesmo. É o conformismo potencializado, capaz de aprisionar o eu para que ele não utilize ferramentas para transformar sua história.*

Então quando a pessoa passa a ter excesso de autocompaixão, começa a acreditar, mesmo que inconscientemente, que é uma coitada? Pode ser que sim.

Contudo, no caso de transtornos depressivos, a pessoa que se vitimiza o faz porque sua mente e, consequentemente, seu corpo estão doentes. É como uma venda nos olhos, a própria pessoa não consegue perceber o seu "coitadismo".

Diferente daqueles indivíduos que estão saudáveis, o depressivo usa o coitadismo, a vitimização, como uma tentativa frustrada de comunicar a sua dor, algumas vezes tentando manipular os mais próximos para evitar gasto de energia (já que o cérebro está enfermo).

O termo "coitado" pode ser definido como "aquele que sofreu o ato do coito". Como sinônimos temos: infeliz, desgraçado, sofrido, miserável, etc.

Sentir-se infeliz, sofrido ou miserável de vez em quando faz parte das frustrações do nosso dia a dia. Mas, a depressão não é um estado que passa rápido. Uma pessoa que tem depressão não é uma coitada, fraca ou digna de compaixão; é uma pessoa que passa por um processo doloroso, que precisa de ajuda de profissionais qualificados e não de julgamentos ou críticas.

Pensamentos vão e vêm a todo instante, e no mesmo minuto em que nos achamos sofridos vemos alguém pedindo esmola na rua, ou em outra situação qualquer que consideramos pior do que a nossa, então pensamos em como somos afortunados.

Quem não se lembra da infância, quando chegávamos com joelhos e cotovelos ralados por termos caído da bicicleta, de patins ou skate, e nossos e nossos pais borrifavam aquele Merthiolate ardido e diziam: "Quando casar sara"? Quem conseguia segurar o grito e o choro naquele momento, aguardar um tio ou avô amável chegar, mostrar as feridas com cara de choro para receber o carinho desejado: "Coitadinho, deixa eu dar um beijo para sarar"? Assim foi na infância, mas na vida adulta as coisas são bem mais complicadas.

Pessoas com depressão estão mais sensíveis e possuem maior dificuldade para se libertar de pensamentos negativos ou autodestrutivos, mesmo após uma frase encorajadora. E é preciso muito mais para resgatar esse indivíduo do vazio onde ele se encontra, visto que pode haver uma alteração química importante, sendo necessário acompanhamento médico para organizar a química cerebral (para que aquele cérebro possa trabalhar da forma mais saudável possível).

Um grande amigo meu costumava citar este ditado conhecido: "Pimenta nos olhos dos outros é refresco", ou seja, a dor em outra pessoa nunca nos parece coisa séria. Mas, aquilo que não dói em você não quer dizer que não irá doer no outro. As interpretações sobre a vida e o mundo diferem para cada um de nós, pois perpassam experiências diversas e aprendizagens diferentes também, e cada pessoa atribui um significado único e particular às informações que o cérebro processa, considerando que a compreensão das situações vivenciadas e observadas depende muito do estado interior de cada um, as pessoas enfermas psiquicamente distorcem o conteúdo do seu pensamento, e isso as leva a ter uma percepção distorcida de si mesmo, do mundo e de suas perspectivas futuras. A forma como elas interagem consigo mesmas e com o mundo será limitada por não terem a capacidade de lidar com suas crenças negativas e suas dificuldades, por desacreditarem que são amadas e compreendidas.

Somos seres afetivos e o carinho nos dá a segurança de nos sentirmos amados, como também nos traz paz. Há momentos que queremos cuidado, que exigimos colo e que nos sentimos vulneráveis, e está tudo bem. A primeira necessidade psicológica do ser humano é sentir-se amado.

Uma pessoa que psiquicamente não está saudável, e apresenta depressão, tem momentos como esses com maior frequência, e isso não é "coitadismo", é uma necessidade humana devido ao momento que ela está passando. O julgamento precoce pode piorar o estado de saúde do indivíduo e gerar outros fatores que podem conduzir a consequências tristes e desastrosas acarretadas pela depressão, tais como suicídio, automutilação e alcoolismo, entre outros.

Quando iniciei meus estudos na área de *coaching* escutava a expressão "mi-mi-mi" com bastante frequência, utilizada para bloquear comportamentos de vitimização e inibir bloqueios por crenças limitantes, fazer a pessoa agir rapidamente, impulsioná-la a tomada de decisões.

No início, me calei a respeito dos profissionais que utilizam esse termo com esse intuito.

Mesmo profundamente incomodada, busquei entender aquela postura, mas o tempo foi passando e quanto mais eu estudava e me aprofundava em conhecimentos sobre Temperamentos, Personalidade, Espiritualidade e o cérebro humano, maior incômodo sentia ao ouvir profissionais lidarem com seres afetivos, muitas vezes machucados, por meio de ordens ou retaliações para "acabar com o mi-mi-mi" ("chega de mi-mi-mi", "aqui é sem mi-mi-mi").

Seria injusto da minha parte julgar esses profissionais; quero crer que fazem isso com o melhor intuito para ajudar, estimular seu cliente a alcançar seus objetivos.

No entanto, cada pessoa é um universo cheio de surpresas. Quanto mais vivo e aprendo, vejo que pensar que um cliente ou paciente está com "mi-mi-mi" é mais do que julgar o comportamento do outro, é ser incompreensivo e ignorante.

Por trás desse julgamento insensato, pode haver uma pessoa depressiva vivendo situações que o outro não faz a menor ideia e, talvez por falta de conhecimento, nem tenha habilidade para ajudar (um erro de pessoas que fazem um breve curso e terminam achando que podem mudar a vida dos outros).

Depois de muitos anos, os médicos souberam diagnosticar que fui uma criança e uma adolescente depressiva, e ingressei na vida adulta sem tratar a depressão adequadamente.

Fiz terapia com psicólogos, porém meu caso etambém era desencadeado por alteração química no cérebro, então eu patinava em um verdadeiro lamaçal. Mais adiante, tive depressão pré-natal e pós-parto. Somente aos 26 anos, casada e com uma criança recém-nascida para cuidar, começaram os tratamentos adequados para a doença.

Nesses 26 anos, escutei pessoas que eu admirava criticando meus comportamentos, por não entenderem o que acontecia comigo (não as culpo porque nem eu mesma sabia explicar e a medicina não tinha tanto conhecimento naquela época sobre a doença). Desse modo minha dor emocional aumentava e fazia eu me sentir sozinha cada vez mais. Quando tinha crises, alguns me criticavam e afirmavam ou que aquilo não era comportamento de uma "mulher de família", que eu "me fazia de coitada", ou que era "rebelde". Recebi algumas ameaças de levar uma surra na tentativa ineficiente de me fazer "mudar". Mais para frente vamos falar sobre a violência em família e a depressão.

Quando o *coaching* começou a expandir no Brasil, algumas pessoas que se formavam olhavam meu estado e julgavam minhas atitudes com olhares de reprovação e crítica. Daí a expressão "mi-mi-mi" era citada na minha cara, como se aquela profunda dor interior e os traumas não curados fossem desculpas que eu utilizava para me fazer de coitada, para não atingir as metas que eles impuseram na minha vida como ideais e até mesmo algumas de que eu gostaria.

Depressão não é frescura, é uma doença que precisa ser tratada e não é "coitadismo"; é um desequilíbrio psíquico que envolve o cérebro fisiológico e a mente emocional. Depressão é sofrimento e espero, sinceramente, que algumas pessoas que fizeram parte do meu passado jamais precisem senti-la para compreendê-la.

Você diria a um paciente com câncer que ele está com frescura por sentir os efeitos da doença ou do respectivo tratamento? Diria a uma pessoa que não produz alguma substância química cerebral responsável pela sensação de prazer e bem-estar que ela está se fazendo de "coitada"? Ou ainda diria a alguém que foi abusado sexualmente na infância por um adulto de sua própria família, e que guardou esse segredo por culpa e medo, que ele está com "mi-mi-mi"? Cuidado! Está na hora de despertarmos, de sairmos da ignorância e aprendermos a respeitar cada indivíduo que luta individualmente com seus demônios, com suas próprias dificuldades, de entendermos o que cada doença carrega consigo, e também aceitarmos que não estamos certos em tudo (aliás, não estamos certos em praticamente nada).

Muitas pessoas não acreditaram no que eu sentia; algumas achavam que era frescura, falta do que fazer, um exagero, ou coitadismo. Alguns ainda tentavam me fazer acreditar que "era coisa da minha cabeça", que podia vencer orando ou mudando o foco. Realmente era coisa da minha cabeça, aliás, que estava dentro da minha cabeça: meu cérebro.

E após muitos anos sem tratamento, feliz ou infelizmente, meu cérebro parou de produzir a quantidade de serotonina necessária para que eu sentisse bem-estar, assim como o pâncreas de um diabético não produz mais a quantidade de insulina necessária para o bem-estar e equilíbrio do corpo. E sabe o quê? Está tudo bem! Não me sinto pior por isso, não sou pior do que outras pessoas por isso. Sou capaz de muitas coisas que ainda estou descobrindo. E talvez nunca seja capaz de algumas outras. E daí? "Ninguém é capaz de tudo, todos temos limitações." (MANSON, 2017, p.94)

 **"Mi-mi-mi" é a dor do outro que ainda não doeu em você. Somos bem diferentes uns dos outros.**

Possuímos aspectos físicos, psíquicos, intelectuais, emocionais, sociais e comportamentais diferenciados. É necessário aceitar e respeitar a individualidade de cada um sem julgamentos.

O conhecimento nos ajuda nessa jornada, portanto, busque conhecer mais. Antes de achar que o seu filho, cônjuge, funcionário ou você mesmo está sendo fraco, fresco, se fazendo de coitado ou inventando desculpas, aprenda mais sobre depressão, um tipo de transtorno mental que perturba o humor da pessoa e traz um grande sofrimento, que se você nunca teve jamais saberá como é.

Cuidado ao julgar, condenar e desprezar, pois você pode estar jogando alguém em um abismo desconhecido. Um dia a cobrança chegará a você, pela vida, por Deus ou pela "lei do retorno", seja lá como prefere acreditar, e geralmente ela nos cobra onde ou em quem nos dói mais.

Quando alguém me pergunta:
— Como você pode ter depressão? A vida é tão boa.
Respiro fundo para não responder:
— Como você pode ter asma? Existe tanto ar.

PERGUNTAS PARA REFLEXÃO

- Quantas pessoas que você ama podem estar agora deprimidas?

- Se você não conseguiu pensar em alguém, o que o impede de perguntar a elas?

- O que você pode fazer para ajudá-las?

CAPÍTULO 2

O QUE É DEPRESSÃO

Agora podemos entender o que realmente é a depressão.

O termo "depressão" foi banalizado, tornando-se sinônimo de sentimentos de profunda tristeza. Uma vez que todas as pessoas já experimentaram tristeza uma vez ou outra, todas tiveram depressão? Vejamos, as pessoas com a enfermidade depressão manifestam um desânimo paralisante, contínuo e prolongado, o qual interfere no cotidiano doméstico, no ambiente de trabalho e demais situações sociais. Fatos corriqueiros do dia a dia, tais como brigar com alguém, erros e rejeição em um trabalho, mudanças bruscas na vida, causam tristeza e aborrecimento, e as pessoas que enfrentam tais situações podem dizer que se sentem tristes, aborrecidas, porém esse sentimento não chega a ser depressão (doença clínica).

A tristeza geralmente desaparece sem precisar de tratamento especial. Bastam alguns momentos de prazer e/ou carinho e qualquer um é capaz de perceber que a tristeza, que antes dominava, desapareceu. Uma pessoa triste pode viver o seu cotidiano sem se arrastar" pela vida. Porém, a depressão não desaparece tão facilmente e traz em seu bojo sérias complicações para a habilidade de pensar e agir.

Segundo Coryell — MD, Carver College of Medicine at University of Iowa — (DSM-5 2020), os transtornos depressivos "caracterizam-se por tristeza suficientemente grave ou persistente para interferir no funcionamento, e muitas vezes, para diminuir o interesse ou o prazer nas atividades".

Os sintomas causam prejuízos significativos na vida profissional, familiar e social da pessoa.

A depressão é uma doença de alta prevalência (especialmente nos países em desenvolvimento) e pode ser potencialmente fatal. Pode ser diagnosticada através dos relatos do paciente e alguns exames endocrinológicos úteis. É preciso buscar ajuda. O tratamento é capaz de colocar nos eixos toda a comunicação do cérebro e mandar embora as emoções negativas em excesso, deixando apenas o que é considerado normal. Procurar um psiquiatra, fazer psicoterapia, dormir bem e praticar atividade física fazem parte do tratamento, como veremos mais adiante. Há casos em que o médico pode recomendar a eletroconvulsoterapia ou estimulação magnética transcraniana rápida (EMTr).

Preste atenção em si mesmo e nas pessoas que você ama. Se a tristeza tem sido um sentimento constante, procure um profissional da saúde.

Depressão é um mal que também pode vir como resposta de estresse crônico, que foge do controle do cérebro. Você pode e deve ajudar o seu cérebro a sair dessas crises (com exercícios físicos constantes e, se necessário, buscar um médico para obter tratamento com antidepressivos ou estabilizadores de humor). Como a doença depressiva afeta o humor e os pensamentos, pode ser difícil avaliar com precisão seus sintomas. Se você pensa que está deprimido pergunte a amigos próximos ou familiares se eles notaram mudanças no seu humor, comportamento, pensamento ou na saúde física. Eles podem ter visto algo em sua maneira de agir que talvez você não esteja percebendo por agir inconscientemente.

> *Por que me sinto tão para baixo, do nada?*
> *Sinto que a vida está passando por mim e,*
> *na verdade, não estou percebendo.*
> *Só consigo sentir cansaço e indiferença para*
> *qualquer coisa que antes me animava ou deixava feliz.*
> Marta Lopes

CAUSAS

O que pode desencadear depressão? Por que algumas pessoas têm depressão? Ainda não se conhece tudo a respeito do que causa essa enfermidade; novas descobertas surgem conforme a medicina evolui em estudos e acompanhamento de casos. A Neurociência tem aprofundado estudos nessa área e descoberto muitos fatores, e sua contribuição para sanar essa questão tem sido valiosa.

Existem algumas teorias sobre a função evolutiva da depressão. Algumas doenças foram selecionadas pela evolução para sobrevivência da espécie e muitas das doenças que temos têm, ou tiveram, uma função. Por exemplo, as ansiedades: em que momento o ser humano desenvolveu um tipo de ansiedade? Foi parte do momento histórico vivido para proteção da espécie. Temos até "lixos evolutivos"; por exemplo, mesmo se as cobras forem extintas no futuro, ainda teremos medo de cobras.

Quer dizer que ela teve uma função na evolução da espécie?

Na Teoria da Competição Social, existe um conceito que se chama SAHP (*Social Attention Holding Power*) que é a habilidade de provocar atenção positiva e gratificações sociais, na forma de aprovação, gratificações, respeito, admiração, desejo, etc. Perder a atenção social produz ansiedade, que por sua vez pode gerar depressão, ou essa ansiedade pode gerar agressividade que será submetida a subordinação, e a consequência será a depressão.

Outra é a Teoria do Apego, criada pelo psicólogo John Bowlby, a qual diz que é eficaz a formação de vínculos, parcerias, alianças e coalisões. A perda dessa ligação afetiva provoca depressão, inibe os comportamentos de risco em um momento de fragilidade e provoca a busca por novo relacionamento e manutenção dos existentes.

Já a Teoria do Risco Social (mistura das duas anteriores) sugere que o fenômeno depressivo pode ser concebido como uma resposta defensiva ao aumento do risco em cada um dos domínios (estratégias) sociais: poder ou afiliação.

Parece-me que os homens estão sempre buscando razões para a existência e desenvolvimento das doenças, a fim de se tornar mais fácil a sua compreensão e a busca por possíveis soluções. Então, tenho certeza de que estamos muito perto de concluirmos bons prognósticos a respeito da depressão.

Muitas são as a vertentes científicas que se debruçam sobre esse tema buscando cura e melhoria nos sintomas, sintomas. Além da Alopatia, temos a Homeopatia, a Biofísica Quântica, e outros ramos da Ciência.

Principais gatilhos (estímulos que o cérebro recebe e que podem detonar o processo):
- Derrotas, humilhações, sentir-se preso ou coagido por circunstâncias.
- Perda de um ente querido (pais e filhos — são os mais traumáticos).
- Mudanças (casa, cidade, país, trabalho, etc.).
- Violência (física, *bullying*, etc).
- Abuso (emocional, psicológico, físico ou sexual).

A depressão também pode se desenvolver com uma combinação de fatores. Por exemplo, em uma família em que os pais têm depressão, os filhos possuem um fator genético que os deixa mais vulneráveis para desenvolver a doença. Essa vulnerabilidade pode afetar o modo como o cérebro responde (fator biológico) ao fato desse indivíduo ter perdido o trabalho (fator meio ambiente).

Às vezes, a depressão pode ser resultado de uma doença física ou algum transtorno psiquiátrico, efeito colateral de alguma medicação, de uso abusivo de álcool ou substâncias químicas, principalmente drogas ilícitas.

Fatores constantemente associados a uma maior probabilidade de desenvolver depressão:

1 - Fator emocional e/ou de meio ambiente: inclui situações de ansiedade crônica e estresse emocional, tais como os gatilhos citados. Momentos de grande estresse, sejam eles bons ou ruins, podem causar quadros de depressão. Isso ocorre porque, quando estamos estressados, nosso nível de cortisol (hormônio produzido pelas glândulas suprarrenais) aumenta, afetando a transmissão da serotonina, neurotransmissor sintetizado pelos neurônios, responsável por regular o humor.

Personalidade: certos traços de personalidade, como pessimismo e baixa autoestima, também estão mais frequentemente associados a casos de depressão.

Conflito interpessoal: momentos de conflitos familiares podem ser estressantes e aumentar a propensão ao desenvolvimento dos sintomas associados à depressão.

Traumas: pessoas que passaram por abusos ou eventos traumáticos durante a infância e a juventude são mais propensas a desenvolverem quadros de depressão em algum estágio da vida.

Medicamentos e drogas: medicamentos como pílulas para dormir e corticosteroides estão frequentemente associados ao risco de depressão. De fato, esses casos requerem especial atenção — pode ser difícil determinar se uma pessoa está deprimida devido aos efeitos de uma droga ou se está usando drogas para mascarar os sintomas da depressão.

Dor e doenças: algumas doenças podem causar alterações bioquímicas que podem levar a um quadro depressivo severo (cardiovasculares, endocrinológicas, neurológicas, neoplasias etc.). Além disso, algumas pessoas podem ficar deprimidas ao ficarem doentes por longos períodos e sentirem medo de morrer.

Morte: os danos emocionais causados pela morte de um amigo ou parente próximo podem desencadear um episódio de depressão em pessoas que já possuem propensão à doença.

Mudança: de casa, de cidade, de país, de emprego.

2 - Fator biológico: inclui mudanças na química do cérebro, mudanças hormonais ou flutuações na produção de hormônios no corpo. O desequilíbrio hormonal pode tornar uma pessoa mais propensa à depressão. Muitas mulheres passam por um período depressivo após as mudanças hormonais associadas ao parto ou menopausa.

Neurotransmissores defeituosos: mudanças na composição química dos neurotransmissores (substâncias produzidas pelos neurônios) também podem ser responsáveis por quadros de depressão. O cérebro é o centro de comando do nosso corpo. Controla nossos pensamentos, emoções, comportamentos, movimentos e funções do corpo. Sem detalhar aqui o funcionamento desse órgão e suas funções, o fato é que pesquisas sobre o cérebro nos ajudaram a entender melhor o fator biológico e têm ajudado a desenvolver tratamentos e medicações para a depressão.

Estudos mostram que o cérebro do indivíduo deprimido pode apresentar alterações químicas em neurotransmissores como a serotonina e a noradrenalina (principais neurotransmissores envolvidos na depressão), substâncias essas que transmitem impulsos nervosos entre as células cerebrais. Qualquer desequilíbrio na produção desses neurotransmissores pode levar à doença e o tratamento consiste em procurar equilibrar a porcentagem dessas substâncias no cérebro, promovendo-se um ajuste entre elas, para que os neurônios voltem a se comunicar normalmente, sem anormalidades na passagem dos impulsos nervosos entre tais células.

A fim de compreenderem melhor essa doença, estudiosos se dedicaram a observar especialmente o funcionamento de uma parte do cérebro chamada de sistema límbico, pois é ele que tem maior participação na regulagem das emoções, do desejo sexual e das respostas ao estresse. No sistema límbico está o hipotálamo, o centro de controle que afeta: apetite, sono, desejo sexual, temperatura do corpo, reações ao estresse, e muitas outras funções. Essa é também a região do cérebro que regula a glândula pituitária (que controla muitos hormônios importantes). Outra parte do sistema límbico inclui o hipocampo e o complexo de amígdalas, que ajudam a interpretar as emoções.

De acordo com Rot, Mathew e Charney, conforme citado por SANOFI Programa Viva (2021), "quando uma pessoa está deprimida, é porque o cérebro está sofrendo alterações químicas que desencadeiam todos esses sentimentos negativos, e ele vai precisar de ajuda para voltar ao seu funcionamento normal".

Sabe-se que pessoas com depressão possuem grande dificuldade para modular emoções devido a desequilíbrios químicos que alteram regiões cerebrais responsáveis pelo processamento de emoções negativas, portanto são pessoas frequentemente descontentes com tudo e em geral não sentem prazer nas coisas da vida.

Assim, enquanto alguns estudos focam a causa de depressão na química do cérebro, outros focam nas atividades do sistema endócrino (já que este ajuda o cérebro a regular várias atividades do corpo).

O sistema endócrino consiste em pequenos órgãos, chamados glândulas, que produzem e liberam químicas chamadas hormônios no nosso sangue. Os hormônios controlam muitos processos físicos no corpo, incluindo desenvolvimento sexual e como reagimos ao estresse. Alguns pesquisadores pensam que a irregularidade na produção desses hormônios explica alguns sintomas de depressão, distúrbios no sono, mudança no apetite e irregularidade no período menstrual em mulheres, já que hormônios estão envolvidos em todas essas funções. Pessoas que sofrem alguma enfermidade endócrina às vezes sentem depressão. E, em algumas pessoas com depressão, o sistema endócrino acaba desenvolvendo problemas mesmo que as glândulas sejam saudáveis.

Problemas com o sono (dormir demais ou ter insônia, assim como sono interrompido) podem ser sintomas de depressão. Pesquisas demonstram que o problema está relacionado com o mecanismo biológico que regula o sono. Muitas atividades no corpo seguem precisos ritmos biológicos. Dormir é obviamente uma delas. Geralmente precisamos dormir em média 8 horas para nos sentirmos bem, mas essa programação pode ser alterada ligeiramente. Você pode dormir uma hora a menos em uma noite e acordar bem. Contudo, uma interrupção significativa no sono pode fazer você se sentir exausto. Nas pessoas depressivas, esse ciclo de sono pode ser alterado. Isso sem falar que essas interrupções do sono podem ser mais do que um sintoma de depressão, podem ser até um agravante ou fator de causa para o desenvolvimento da doença.

Ter conhecimento de que a depressão tem causas genéticas e biológicas pode ajudar o enfermo, bem como seus familiares, a lançar um olhar sobre a doença de forma menos preconceituosa e mais realista, para o enfrentamento da mesma.

3 - Fator genético (herdado): é o resultado de uma herança genética. Há casos de depressão na família? Então pode ser que outros também desenvolvam a doença. Isso ocorre porque o fator genético faz com que muitas pessoas tenham maior propensão à depressão. No entanto, ter essa predisposição genética não implica que você obrigatoriamente desenvolverá a doença.

Às vezes, pessoas herdam um ou mais genes anormais de seus pais, os quais podem conduzir a problemas de saúde.

Desde muitos anos, os médicos sabem que a depressão ocorre em famílias. Acredita-se que a depressão é parcialmente hereditária porque pesquisas com famílias mostram que alguns são mais propensos a desenvolver a doença do que outros.

Irmãos, irmãs e pais de pessoas com Depressão Maior são duas a três vezes mais propensos a desenvolver a doença. Parentes próximos de pessoas com Depressão Maior também são até três vezes mais propensos a ter Depressão Bipolar. Esse fato de que parentes próximos são suscetíveis a ter depressão implica que a enfermidade é passada de geração em geração.

Personalidade e herança genéticas também são fatores importantes na suscetibilidade à depressão. Certas pessoas têm baixa autoestima ou são muito críticas consigo mesmas, por exemplo, ou esses traços de personalidade podem ser herdados, causados por experiência de vida ou ainda uma combinação de ambos.

Os genes que a pessoa carrega são responsáveis por 40% das chances de desenvolver a doença. O restante desse percentual é influenciado pelo ambiente e outros fatores externos. A descoberta foi feita por uma equipe internacional de pesquisadores do King"s College London, na Inglaterra, a partir de um estudo com oitocentas famílias, nas quais dois ou mais membros sofreram depressão severa. Eles descobriram que o cromossomo 3p25-26 está fortemente relacionado ao distúrbio.

A Depressão Bipolar, em particular, ocorre em famílias. Cerca de 50% de todas as pessoas com Depressão Bipolar têm, pelo menos, um dos pais com histórico de doença depressiva. Se um dos pais sofre com a doença, existem 25% de chance de o filho ou a filha ter um dia algum tipo de depressão.

Apesar do forte componente genético — que determina 40% das chances de desenvolver a depressão — existem 60% de chance de a doença estar relacionada ao ambiente em que a pessoa está inserida.

Sendo assim, é importante levar em consideração estresses e os fatores ambientais já descritos anteriormente.

Muitas pessoas com Depressão Maior ou Bipolar podem nomear familiares que possuem ou possuíram essas doenças. Você pode ter herdado uma tendência à depressão, assim como eu e outras pessoas, que nasceram com uma tendência para desenvolver diabetes e outras para desenvolver artrite reumatoide. Não herdamos a doença em si, apenas uma tendência para desenvolvê-la.

 **Nem todo mundo que vem de uma família com histórico de depressão experimenta episódios depressivos ao longo da vida. Pesquisadores acreditam que os genes por si mesmos não definem que a pessoa será depressiva, e sim que as experiências da pessoa e a percepção individual sobre os fatos, assim como as perdas emocionais sofridas durante a infância, podem afetar a vulnerabilidade genética dela.**

Muitos eventos externos podem afetar sua mente e emoções. Na infância e adolescência, experiências dolorosas levam à formação de padrões cognitivos persistentes que criam vulnerabilidade à depressão. A vulnerabilidade cognitiva seria como uma bomba esperando para ser detonada e está presente mesmo quando o indivíduo não está ativamente deprimido.

Seu relacionamento com os outros, censura, repreensão, perdas e crises podem influenciar seu estado mental. Em reação a esses eventos, sua mente pode desenvolver a doença.

A morte de um parente, divórcio, a perda de alguém amado, mudanças (de escola, de casa, de cidade, de estado, de país) podem ser eventos traumáticos propícios à depressão.

Transições importantes da vida, quando seu papel muda drasticamente, são períodos propensos a promover depressão. Por exemplo, a adolescência tardia (quando há um afastamento da família e o indivíduo busca se estabelecer como um adulto independente), a meia-idade (quando há mudanças na fertilidade e virilidade) e os anos após aposentadoria.

Estresse crônico, ou seja, dificuldade presente todos os dias por um longo período, podem ser um gatilho para algumas pessoas terem depressão. Um único evento doloroso também pode desencadear depressão, se você estiver sob estresse crônico. Eventos estressantes ou perdas podem gerar tristeza que, às vezes, se for muito profunda e prolongada, pode se transformar em depressão.

Exemplos de sintomas emocionais:
- Apatia e acentuada falta de vontade de fazer atividades antes prazerosas;
- Falta de motivação;
- Humor deprimido a maior parte do dia, todos os dias;
- Medos que antes não existiam;
- Dificuldade de se concentrar e pensar, quase todos os dias;
- Perda ou aumento significativo e repentino de apetite;
- Alto grau de pessimismo;
- Sentimentos de inutilidade ou culpa excessiva ou inapropriada (que podem ser delirantes) quase todos os dias;
- Indecisão e insegurança;
- Insônia ou hipersonia;
- Sensação de vazio;
- Forte e contínua irritabilidade, às vezes descontrolada;
- Raciocínio mais lento;
- Esquecimento frequente;
- Ansiedade;
- Angústia;
- Vontade de morrer, ideação suicida.

Exemplos de sintomas físicos da depressão:
- Dores de barriga;
- Má digestão;
- Azia;
- Perda ou aumento significativo de peso;
- Constipação;
- Flatulência;
- Tensão na nuca e nos ombros;
- Dores de cabeça;
- Dores no corpo;
- Fadiga constante;
- Pressão no peito;
- Queda da imunidade.

Como veremos adiante, na parte sobre depressão infantil, na minha infância minha mãe me levou a médicos de diversas áreas para encontrar uma causa para tantas dores de cabeça que eu sentia. Adivinhem só: não encontraram causas plausíveis. Um oftalmologista me prescreveu lentes para leitura que, em vez de ajudar, pioraram as dores e eu quebrei dois óculos em um surto de raiva e desespero.

Distorções cognitivas na depressão:
- Pensamento de "tudo ou nada"— enxergar a situação somente em duas categorias ao invés de um contínuo: "Sou um fracassado já que não consigo ser mais paciente";

- Catastrofização — ver, com frequência, possibilidade de algo muito ruim acontecer;

- Desqualificar o positivo — atribuir ao acaso, fruto da sorte ou como sendo "óbvio" experiências positivas e sucessos;

- Maximização/minimização — avaliar situações, a si mesmo e as outras pessoas de modo que o negativo seja maximizado e o positivo, minimizado.

- Personalização — acreditar que comportamentos e comentários do outro ocorrem em função de si, sem questionar-se a respeito: "O que disseram certamente foi uma indireta para mim";

- Filtro mental — valorizar a parte negativa e desvalorizar o positivo da situação: "Sou uma péssima mãe, meu filho chorou porque eu gritei";
- Utilização de "eu quero/eu devo" — conversar consigo mesmo de forma imperativa, jamais condicional: "Eu deveria sempre ter paciência com meu filho".

Quando as pessoas atribuem seu fracasso a fatores que estão além de seu controle, o risco para desenvolver depressão é muito alto. Alguns pesquisadores acreditam que se você tiver experiências de grande estresse, como a morte de um parente ou sofrer abuso verbal de alguém próximo, isso pode ser forte o suficiente para alterar a química do seu cérebro permanentemente, deixando-o menos hábil para lidar com experiências estressantes. Em geral, quanto mais doloroso for o evento para a percepção da pessoa, maior será a chance de causar depressão.

TIPOS DE DEPRESSÃO

Os tipos de transtornos depressivos possuem cada um distintos padrões de sintomas que podem variar em grau, mas são frequentes e contínuos. Os mais comuns são a Depressão Maior, a Distimia (também chamada de Transtorno Depressivo Persistente) e a Depressão Bipolar, que podem ser muito perigosas, pois pensamentos suicidas são comuns como parte dessas doenças. As pessoas acometidas e sem tratamento são a maior causa de suicídios nos Estados Unidos.

A Depressão Maior, ou severa, profunda ou clínica, ocorre quando a pessoa tem praticamente todos os sintomas e apresenta sérias dificuldades em lidar com a vida cotidiana.

DEPRESSÃO MAIOR

A Depressão Maior ou Depressão Clínica é o tipo mais comum. Segundo o DSM–5 (2020), os critérios de duração (na maior parte do dia, quase todos os dias) e a gravidade (cinco de nove sintomas), bem como prejuízos clinicamente significativos, precisam ser levados em consideração no diagnóstico. A pessoa apresenta os sintomas da doença por, pelo menos, duas semanas, mas a crise pode durar meses e anos. Afeta diferentes pessoas de diferentes maneiras. A maioria das pessoas com esse tipo de depressão sente tristeza contínua e profunda, perde o prazer em atividade que apreciava anteriormente, ou experimenta uma combinação desses dois fatores.

Os sentimentos da Depressão Maior variam, contudo a maioria das pessoas com a doença sente profunda dor emocional. Essa doença pode fazer a pessoa sentir-se inútil, sem esperança, desamparada, e jogada para baixo com culpas. Muitas pessoas descrevem os sentimentos dessa depressão como uma nuvem preta ou uma sombra preta sobre sua vida.

Um cliente a descreveu como "um triste, escuro e angustiante buraco que te prende em uma queda que parece não ter fim, e muito intenso".

No meu caso, descrevo como uma profunda dor que não sei de onde vem, junto com a sensação de solidão e incompreensão. Quanto mais me sinto só, mais procuro me isolar e isso vira um ciclo de isolamento difícil de quebrar.

Não existe um teste específico para diagnosticar a doença, mas alguns exames laboratoriais podem ajudar a confirmá-la. Normalmente os médicos observam um grupo de sintomas que, juntos, apontam para a depressão.

Não se sabe uma causa única dessa doença; algumas pessoas a desenvolvem após passarem por grandes dificuldades, outras adoecem quando tudo parece ir bem em sua vida.

A Neurociência sabe, hoje, que é a atividade anormal na química do cérebro que dá origem à doença.

No meu caso, a herança genética e fortes traumas que sofri na infância desencadearam o transtorno. Em outras pessoas, como em minha filha (veremos mais para frente em depressão infantil), a doença pode estar ligada a níveis anormais de hormônios no corpo. No caso de um dos meus irmãos, que já possuía a herança genética, aconteceu um evento traumático na adolescência que desencadeou a doença.

A pessoa pode experimentar qualquer combinação dos sintomas durante os episódios depressivos. Se algo soa familiar a você, procure um médico.

Eu apresentava quase todos os sintomas anteriormente citados desde minha infância até a vida adulta, contudo meus pais não perceberam e eu não sabia explicar. Também o tipo de criação que tivemos não me dava abertura para expor o que se passava dentro de mim, no meu intelecto, e eu tinha medo da incompreensão e dos castigos. Eram raros os momentos em família nos quais as crianças eram solicitadas a falar (a não ser que fosse para descobrir qual das crianças tinha feito alguma bobagem). Também havia o fato de que antigamente éramos criados mais soltos, correndo na rua, e nossos pais só nos viam na hora de comer e nos mandar dormir. Eram raros os momentos individuais com nossos pais.

A depressão afeta os pensamentos e as emoções de maneira poderosa. Pessoas com depressão possuem pensamentos e emoções distorcidos, ou seja, que não refletem a realidade. A pessoa provavelmente não pensa como costumava pensar, passa a ter pensamentos confusos ou mais lentos do que o usual e pode se tornar esquecida. Tem dificuldade de manter o foco em algo particular e de tomar, e simples decisões, como escolher a roupa que vai usar para sair de casa.

Desenvolva um vínculo familiar aberto a conversas e desabafos sem julgamentos e ameaças de castigos. Pergunte a seu filho, a seu cônjuge, como foi o dia dele e quais emoções tem experimentado com frequência. Unir sua família emocionalmente é estar preparado para ouvir o que às vezes não gostaria, contudo dessa forma vocês terão a oportunidade de ajudar uns aos outros. Esses ajustes trazem um grande benefício emocional e são muito saudáveis.

Preste atenção no comportamento das pessoas que você ama e peça *feedbacks* sobre o seu, pois isso poderá ajudar na prevenção ou identificação de doenças. Uma pessoa depressiva provavelmente não gosta mais das coisas que gostava antes.

DISTIMIA

Os pacientes acometidos pela distimia apresentam melancolia, pessimismo, falta de senso de humor, passividade, letargia, introversão, hipercriticismo em relação a si mesmos e aos outros, e queixas na maior parte do tempo. O distímico está quase o tempo todo irritadiço, sem paciência, reclamando de tudo e de todos, enfim, passa a ser o "reclamão" da família. Tais pessoas manifestam esses sintomas por pelo menos dois anos contínuos e podem permanecer assim por muitos anos ou a vida toda, caso não sejam tratados.

TRANSTORNO BIPOLAR

O Transtorno Bipolar manifesta-se como períodos de depressão que se alternam com períodos de extrema alegria e comportamento disfuncional, chamado "mania". Esses comportamentos prejudicam a função social e ocupacional da pessoa.

A pessoa apresenta períodos de extrema euforia, fica cheia de energia, conta piadas, compra o que vem à frente, desenvolve projetos audaciosos, acha que pode realizar muitas coisas de uma só vez... mas seu humor se alterna de repente. De um momento para o outro, surge a tristeza, a apatia, a infelicidade e incoerência em relação à própria percepção.

Os episódios depressivos ou maníacos podem durar de algumas semanas a seis meses, e os depressivos têm maior duração do que os maníacos. Porém, esses períodos variam de paciente a paciente.

Quando estão no período maníaco, os pacientes apresentam:
- Autoestima aumentada ou ideias de grandiosidade;
- Diminuição do sono;
- Falam mais do que o habitual, rapidamente e sem interrupção;
- Pensamentos acelerados, mudam de um pensamento para outro com facilidade;
- Facilidade para distrações, mudam de uma tarefa para outra com facilidade;
- Aumento das atividades direcionadas aos seus objetivos;
- Intensa participação em atividades com fortes consequências negativas e altos riscos (festas, gastos fúteis, atividade sexual promíscua, esportes perigosos etc.), sem crítica sobre isso;
- Usam roupas exuberantes;
- Tendem a acreditar que estão em seu melhor estado;
- São intrusivos frequentemente;
- Podem achar que são tratados com injustiça ou perseguidos, devido aos comportamentos inadequados que trazem atritos interpessoais.

MANIA PSICÓTICA

Manifesta esses sintomas no seu mais alto grau, confundin-do-se com a esquizofrenia muitas vezes. A pessoa pode ter delírios grandiosos, tais como pensar que é algum personagem famoso e importante na história, ou ainda que está sendo perseguida por alguma autoridade policial de alta patente. Cantam, riem, correm, xingam. O humor aumenta conjuntamente com a irritabilidade. Podem delirar tanto que até perdem a noção da realidade.

PRÉ-NATAL E PÓS-PARTO

Depressão Pré-Natal e Pós-Parto: As mudanças no organismo da mulher com as alterações hormonais podem provocar crise de depressão durante a gravidez e por um período de até um ano após o parto.

Desde os primeiros dias que estava gerando minha filha, e ainda não sabia que estava grávida, sentia uma vontade incontrolável de comer doce. Sorvetes, chocolates, *milk-shakes*, bolos, tortas, até leite condensado puro.

O desespero era tanto que se alguém dissesse para eu não comer tanto doce ou tentasse me alertar para o fato de que aquele novo hábito estava me fazendo ganhar peso rapidamente, eu sentia uma forte irritação contra aquela pessoa e muitas vezes respondia com grosseria ou indiferença.

O quadro piorou de modo que eu sentia necessidade de me alimentar a cada duas horas, mas os meus desejos e vontades não eram direcionados para saladas, sopas, legumes ou frutas (a menos que viessem acompanhados de leite condensado). Ficava desesperada por comer hambúrguer, pizza, esfirra e (graças a Deus) *sashimi* de salmão.

A verdade é que engordei 32 kg em nove meses de gestação, um fato atribuído pelos médicos à mudança hormonal no meu corpo que, provavelmente, me deprimiu.

INFANTIL

Lembro claramente dos dias que sentia tanta dor de cabeça na escola que me dava crises de choro em sala de aula. As professoras me mandavam para a sala da coordenadora para que ligassem para minha casa a fim de alguém vir me buscar. Naquela época não tinha celular, então muitas vezes as ligações não tinham sucesso porque não havia alguém em casa e eu tinha de esperar o horário de saída mesmo.

No tempo que eu ficava aguardando alguém me buscar, minha mente vagava. Eu sentia uma tristeza tão grande que nada me dava prazer. Meus colegas tentavam me animar, chamavam para brincar; um lado meu queria ir, mas eu não tinha ânimo, não tinha forças para levantar e ir com eles. Nas poucas vezes que conseguiam alguém para me buscar eu me sentia mais segura e amada. Quando minha mãe, ou alguma tia ou tio, chegava, dentro de mim eu sentia que era amada, que alguém se importava comigo. A dor ia melhorando. Algumas vezes nem chegava em casa e a dor já tinha passado. Outras vezes, eu deitava na cama e dormia o dia todo, sem comer, sem brincar, eu só queria esquecer que existia.

Fato é que tenho boas lembranças da minha infância, mas na maioria delas tive alguém que me fez sair da cama e me "arrastou" para ir jogar bola na rua ou caminhar até a padaria para buscar pão de queijo ou algo assim. Eu mesma não tinha vontade de sair de casa, na verdade, do quarto.

Tenho três irmãos homens; eles brincavam juntos e algumas vezes eu brincava com eles, mas uma prima e uma tia (dois anos mais velhas que eu) foram as pessoas que Deus colocou em minha vida para que eu não mergulhasse constantemente em meus pensamentos depressivos.

Elas foram peças fundamentais contra períodos de crises na minha infância, mesmo sem saberem ou perceberem. Muitas vezes interrompiam meus pensamentos ou sono excessivo, fazendo eu me arrumar, arrancando minhas cobertas, levando-me para passear, brincar de fazer "cultinho" em casa...

A importância de ter no círculo de amizades e familiares pessoas que têm uma boa índole, que possuem amor no coração, e que eduquem seus filhos para amar e cuidar do próximo, é fundamental. Pelo menos para mim foi. Meus pais não perceberam que eu tinha depressão infantil. Naquela época não se conhecia muito sobre o assunto. Contudo eles tiveram como prioridade cuidar de quem seriam meus amigos. Eles não determinavam "você só pode andar com gente assim", eles iam me ensinando e mostrando nossos valores e quais outras famílias e crianças tinham valores iguais ou parecidos aos nossos.

Isso fez uma grande diferença na minha vida e é como busco auxiliar minha filha hoje.

Acredito que é preciso a família ter uma estrutura baseada em amor e espiritualidade, saber quais são seus valores e lutar para viver de acordo com eles. Não somos perfeitos e não existe família perfeita, contudo quando há amor, há perdão; quando há espiritualidade, há resiliência.

É importante sermos inteligentes emocionalmente. Quando as crianças possuem pais emocionalmente inteligentes passam a ter poderosas lições. A vida em família é onde iniciamos a aprendizagem emocional. Alguns pais são professores emocionais excelentes, outros são péssimos. Tive dos dois exemplos em casa. A criança está o tempo todo aprendendo; se tiver como exemplo pais emocionalmente aptos, que sabem lidar com os próprios sentimentos, aprenderão a distinguir sentimentos e isso a ajudará a não entrar em processos depressivos.

Segundo Goleman (1995), é possível traçar um padrão de comportamento dos pais emocionalmente inábeis. Seu comportamento pode incluir:

- Não dar atenção aos sentimentos: pais que ignoram a criança quando está perturbada emocionalmente, que desmerecem o que ela está sentindo e deixam para resolver depois, ou porque ficam aborrecidos ou porque acreditam que seja algo sem valor, que vai passar logo. Não aproveitam aquele momento como uma oportunidade de se aproximar mais do seu filho.

- Deixar que aconteça livremente: pais que até percebem o que o filho está sentindo, mas preferem deixá-lo agir à sua própria maneira, permanecendo indiferentes caso o comportamento do filho seja agressivo com o outro. São incapazes de ajudar a criança, durante o turbilhão de emoções, com conselhos a respeito de como seria melhor agir naquela situação. Alguns procuram "comprar" a criança no intuito de suavizar o impacto de suas angústias, para a criança não se entristecer nem ficar irritada.

- Pouco se importar com o que a criança sente, nem respeitar: esses pais normalmente são rígidos e autoritários, duros em criticar e castigar, chegam a ser cruéis com desaprovações. Eles se alteram com gritos e proibições se a criança tiver alguma manifestação de raiva ou se demonstrar que está irritada.

Dificuldades severas durante a infância (separação dos pais, família turbulenta, doença mental em um dos pais, abuso físico e sexual) ocorreram com maior frequência em pessoas com depressão do que em pessoas saudáveis. Alguns psiquiatras acreditam que uma infância difícil é um gatilho para o desenvolvimento da depressão. Quando a criança cresce em ambiente com algum depressivo, também pode aprender comportamentos e espelhar emoções de tristezas permanentes.

Familiares, pais e sociedade egoístas não aceitam que a criança possa ter algum transtorno que precisa ser tratado — possuem dificuldade em aceitar e vergonha em admitir. Eles pensam: "Os filhos são espelho dos pais; se souberem que meu filho tem algum problema, saberão que eu também tenho, ou até que o problema sou eu mesmo (como pai/mãe)".

 As crianças nos ensinam muitas coisas, não ignore isso. Uma infância infeliz pode levar a uma vida adulta com depressão. Os pais têm papel fundamental na saúde emocional da criança. Se a criança crescer em um ambiente familiar desestruturado emocionalmente, existem grandes chances de ela desenvolver problemas emocionais no futuro. A criança que cresce em ambiente com pais depressivos, sem tratamento, terá sua infância conturbada e estará mais propensa a desenvolver depressão, se não na infância, em alguma fase da vida.

PERGUNTAS PARA REFLEXÃO

- Você tinha ideia do quanto essa doença pode incapacitar alguém?

- Algum dos sintomas citados é constante em sua vida? Se sim, quando irá buscar ajuda médica?

CAPÍTULO 3

A DOR E SEU VALOR

A atual definição de "dor" feita pela Associação Internacional para Estudos da Dor (IASP), traduzida e revisada para a língua portuguesa pela Sociedade Brasileira para o Estudo da Dor (SBED) é: "uma experiência sensorial e emocional desagradável, associada ao dano tecidual real ou potencial, ou descrita em termos de tais danos. [...] A dor motiva o indivíduo a se retirar de situações prejudiciais, a proteger uma parte do corpo danificada enquanto cura e a evitar experiências semelhantes no futuro".

A dor faz parte do sistema de defesa do corpo, produzindo uma retração reflexiva do estímulo doloroso. É uma parte importante da vida animal, vital para a sobrevivência. Ela alerta as pessoas para ocorrências danosas no corpo, bem como permite que mecanismos de defesa e fuga sejam acionados. A intensidade relativa da dor pode, então, assemelhar-se à importância relativa desse risco para os nossos antepassados (falta de alimento, muito frio ou ferimentos graves são sentidos como agonia, enquanto um pequeno dano é sentido como mero desconforto).

As pessoas com insensibilidade congênita à dor reduziram suas expectativas de vida.

Fatores psicológicos como suporte social, sugestão hipnótica, excitação ou distração, podem afetar significativamente a intensidade ou o desconforto da dor. Em alguns debates sobre suicídio ou eutanásia assistidos por médicos, a dor tem sido usada como um argumento para permitir que as pessoas em estado terminal acabem com sua vida.

Dor pode ser definida como um "estado de consciência com um tom afetivo de desagrado, [...] acompanhado de reações que tendem a remover ou evadir as causas que a provocam."

Sendo um "estado de consciência", a resistência à dor varia de pessoa para pessoa. Ela é influenciada pela cultura em que a pessoa está inserida e por fatores emocionais que envolvem sua mente. Assim, pode-se dizer que o que para um indivíduo é aceitável e possível resistir, para outro pode ser completamente absurdo.

Como é o sistema límbico que modula as emoções, é ele quem determinará a resposta comportamental à dor.

Pessoalmente, sou bem resistente à dor física, mas pouco resistente à dor social.

Diferenças na percepção da dor e limiares de tolerância estão associados, entre outros fatores, a etnia, genética e sexo. Por exemplo, as pessoas de origem mediterrânea relatam como dolorosas algumas intensidades de calor radiante que os europeus do Norte descrevem como não dolorosas. E as mulheres italianas toleram choques elétricos menos intensos do que as mulheres judaicas ou nativas americanas.

O ponto em comum para a amenização de todas as espécies de dor é a cooperação humana, aquilo que permitiu, em última análise, o desenvolvimento no decorrer da história da civilização, a cooperação, a consideração, a empatia, o trabalho em conjunto de uns com os outros, de um por todos e de todos por um.

Portanto, a dor (mesmo quando não apresentada em seu viés sensitivo), na maioria das vezes, faz parte do crescimento humano, ensinando-nos a mudar, amadurecer e a sermos pessoas melhores. Por óbvio, isso se tivermos consciência dessa situação e não ficarmos presos ao sofrimento, mas sim o usarmos como um meio e uma oportunidade de aprimorar nossa existência.

Friede (2020), em seu artigo postula que "embora [...] associemos a dor apenas ao sofrimento físico, resta fundamental consignar que, [...] o gênero humano padece (potencialmente) de três diferentes modalidades de enfermidades: a dor física, a dor emocional e a dor social".

DOR FÍSICA

Como já citei antes, a atual definição de "dor" feita pela Associação Internacional para Estudos da Dor ((IASP) pode ser resumida da seguinte forma: "uma experiência sensitiva e emocional desagradável associada, ou semelhante àquela associada, a uma lesão tecidual real ou potencial".

Comunicamos a dor física de maneira mais fácil do que a dor emocional. Caso o processo de recuperação de alguma doença não se dê favoravelmente no sentido da cura, e a dor atinja o grau agudo, isso comprometerá o bem-estar do indivíduo.

Friede (2020) considera que a dor física aguda está associada à questão evolutiva humana, uma vez que possibilitou o desenvolvimento dos mecanismos de defesa para preservação da espécie, como já abordado anteriormente.

A dor física crônica, sua persistência e resistência aos tratamentos, favorece o surgimento de quadros depressivos nos pacientes que, cansados do sofrimento, decaem no ânimo e na resiliência. Portanto, considerá-la como coadjuvante no processo evolutivo parece incabível.

DOR EMOCIONAL

A interpretação que fazemos dos fatos é que determina como vamos nos sentir e nos comportar perante eles.

A dor emocional é algo que até hoje tenho dificuldade em descrever, é difícil explicá-la.

Somente quem já sentiu consegue entender essa dor. Para mim, ela dói mais do que a dor física.

A dor emocional não é invenção, é real. Os cientistas já comprovaram que ela pode causar enfermidades físicas até muito graves, como cânceres, paralisias, esclerose múltipla, alergias diversas, doenças cardíacas e pulmonares etc. Trata-se do que os estudiosos chamam de somatização, que também conduz à depressão, em seus diversos graus e tipos.

O ideal é que uma equipe multidisciplinar avalie as condições do paciente, seu sofrimento, até que venham à luz as verdadeiras causas dessa dor.

Há também uma definição para esse tipo de dor, chamada por alguns de "dor da alma": "a dor emocional (ou dor psicogênica), remete às sensações produzidas pela parte cérebro-perceptiva estando [...] associada à chamada inteligência emocional e, consequentemente, à capacidade individual de lidar com as emoções, acometendo os seres humanos em qualquer faixa etária".

Podemos traduzi-la ainda como a angústia da mente. Sentimos dor emocional quando nos sentimos culpados, quando acumulamos frustrações, quando não realizamos nossos sonhos, quando guardamos lembranças dolorosas do passado, que às vezes até nos envergonham. Costumamos exteriorizar essa dor no mundo através da impaciência, da irritabilidade, intolerância e, por fim, a somatizamos, fazendo com que surjam as doenças físicas.

Já tive fratura óssea em que o osso precisou ser reposicionado sem anestesia, passei por algumas cirurgias, tive um parto, tive rompimento de cistos nos ovários, tive dores terríveis no meu peito que me impediram de respirar, dores tão intensas no abdômen que fizeram com que me urinasse involuntariamente. Machuquei várias partes do meu corpo, toda a pele das minhas costas foi arrancada no asfalto em acidente na infância, e eu consegui explicar a dor, dar nomes ("arde", "queima", "lateja"), esbravejei e gritei por socorro ou mandei todo mundo "cair fora". Mas, a dor emocional não é assim.

Se alguém lhe contar sobre um acidente que teve com a faca mais afiada da cozinha enquanto cortava um tomate bem fininho, quando de repente acertou o dedo arrancando um pedaço dele, você consegue imaginar a sensação e às vezes até sentir a aflição que a pessoa experimentou naquele momento.

Mas, não é possível descrever a dor emocional assim; cada um a experimenta de uma maneira. Se eu procurar palavras para explicar o que sinto agora, pode ser que você acredite, mas não terá ideia de como é; ou pode ser que nem acredite e se afaste "dessa doida".

É algo tão profundo e estranho que não existem palavras para descrever, não adianta gritar nem xingar porque não trará alívio. Você está com todos ao seu lado e sente uma profunda solidão, parece que só você e sua dor estão ali.

Sua cabeça parece girar, pensamentos confusos vêm e desaparecem em segundos ininterruptamente; seu corpo parece pesar muito mais do que realmente pesa ou às vezes você nem o sente, e assim começa uma nova crise.

Estudos científicos com utilização de imagens cerebrais "constataram que a dor emocional é processada no cérebro da mesma forma que a dor física, ativando as mesmas áreas neurais, ou seja, não há como diferenciá-las pela mera análise de exames tomográficos" (FRIEDE, 2020).

Sendo assim, podemos dizer que "da mesma forma que a dor física [...] nos avisa — e ajuda — a processar uma lesão, pelo mesmo mecanismo a dor emocional [...] nos ajuda a entender que algo não está bem com nossos sentimentos [...] e que devemos buscar algum tipo de auxílio" (FRIEDE, 2020). Ou seja, se a insatisfação com a vida ou com alguém que nos rodeia está exacerbada dentro de nós, é mister que procuremos alguém de muita confiança, que com toda a certeza guardará nossos segredos, para conversarmos e desabafarmos nossos sentimentos, nossos medos, ansiedades, preocupações e demais tormentos psíquicos, e tanto melhor se essa pessoa for um terapeuta devidamente preparado a fim de nos orientar e não somente nos ouvir.

Todos temos necessidades não apenas físicas, mas psicológicas: sentir que pertencemos a algo, que nossa vida tem propósito, que nos valorizam. E muitas destas necessidades psicológicas não são atendidas pela sociedade atual. Esta é a principal razão pela qual as pessoas tornam-se dependentes (das diversas modalidades de drogas). Elas (simplesmente) estão tentando lidar com suas dores. (HARI, Johann. *Na Fissura - Uma história do fracasso no combate às drogas* apud FRIEDE, 2020).

DOR SOCIAL

Dor social é a dor associada às ameaças às nossas conexões sociais. A rejeição é uma delas. Temos necessidades intrinsecamente psíquicas de sentirmos que pertencemos a um grupo social. Essa é uma das nossas necessidades básicas. Ela nos mostra o quanto é importante essa conexão social desenvolvida pelo nosso cérebro.

Saber que somos amados, receber esse *feedback* do meio em que estamos inseridos, nos provoca uma grande satisfação, acionando nossos mecanismos de recompensas.

Quando nossas conexões sociais são ameaçadas, experimentamos um sentimento muito ruim, algo como tristeza ou decepção, originando ansiedade e depressão.

A dor gera muita atividade cerebral. Estudos atuais da Neurociência sobre receptores μ-opioides mostram a relação destes com a resiliência à rejeição. Existem pessoas que possuem mais receptores μ-opioides, portanto essas pessoas têm mais sensibilidade à rejeição e ao abandono. Esses receptores são importantes na regulação normal da sensação da dor, sua modulação é feita pelos opioides endógenos — fisiológicos, como as endorfinas e as encefalinas, que são neurotransmissores.

Exames de ressonância magnética demonstraram que as mesmas estruturas cerebrais envolvidas na dor física são envolvidas na dor social causada pela exclusão de um grupo.

Nosso comportamento social também é modificado pela questão genética.

Muitas vezes, se a pessoa tem uma enorme sensibilidade à rejeição geneticamente determinada, ela pode ter uma família carinhosa e interpretar como se estivessem faltando coisas.
(Pedro Lima, neurocientista social).

E quando o pacote não condiz com o conteúdo?

As pessoas fazem leitura umas das outras segundo suas próprias experiências, crenças e valores. Nem sempre uma pessoa com depressão estará com o semblante cabisbaixo. De acordo com o seu temperamento e sua capacidade de sorrir, ela pode até esconder sua tristeza com sorrisos.

Eu estava tomando medicações fortíssimas para sair de uma crise de depressão, conseguir levantar da cama e continuar a viver. Dirigi três horas e meia com minha filha de 8 anos no carro, para assistir a um dia inteiro de aula presencial na faculdade. Ao terminar aquela aula, busquei minha filha, que havia ficado na casa de uma amiga numa cidade próxima, e dirigi outras três horas e meia de volta para casa. Para quem nunca teve depressão pode parecer bobagem imaginar quanto esforço é necessário para alguém depressivo fazer isso. Somente alguém que enfrenta a depressão pode ter ideia do esforço que fiz para sair da cama, me arrumar, arrumar minha filha, pedir ajuda a alguém para ficar com ela enquanto fazia oito horas de aula, dirigir três horas e meia na estrada, encontrar ânimo e motivação para fazer todo o trajeto sozinha (porque minha filha dorme durante o trajeto) e fazer isso tudo sabendo que no final do dia teria que fazer tudo de novo para voltar para casa. Além de tudo isso, tinha de manter o foco na aula e ignorar a vontade de dormir e encher o estômago de doces após o almoço.

Numa das aulas de Comunicação, o professor nos surpreendeu pedindo para que apresentássemos diante de todos um discurso de até dois minutos, e depois todos os alunos dariam um *feedback* sobre os discursos. Havia poucos alunos presenciais e mais alguns por vídeo conferência.

A essa altura, quem conhece um pouco sobre depressão já deve estar com as mãos suando de me imaginar nessa situação.

E o resultado foi que eu consegui fazer tudo isso! Sim!

Enquanto eu estava ali, de pé, me apresentando, estava tão orgulhosa de mim por ter conseguido ir até aquela aula, mesmo com tantos obstáculos a transpor, estava tão feliz por estar vencendo, que enquanto contava minha história, eu sorria. Não gargalhava, mas um sorriso de alguém que pensava: "Consegui!".

Falei menos dos dois minutos, devolvi o microfone para o professor e fiquei ali aguardando as avaliações dos colegas sobre minha pequena apresentação. Confesso que estava feliz e orgulhosa, como uma tonta inocente, perdida em seu mundo interior. Então começaram os colegas a darem os *feedbacks*. Alguns me deram dicas importantes de como segurar o microfone, de como aproveitar melhor aqueles dois minutos que eu tinha para falar mais sobre mim.

Daí alguém disse a frase que cito no início deste capítulo. A frase infeliz que quase me jogou de volta no poço: "O pacote não condiz com o conteúdo".

Para você entender melhor, na apresentação daquele sujeito, ele nos contou sobre os testes de QI dele, que eram altíssimos, sobre o quanto ele era inteligente; o que já havia conquistado na vida por ser tão inteligente, dizia e enfatizava várias vezes isso. No inicio, olhávamos felizes para o vídeo dele, e pensávamos "que bom para ele", "legal". Só que os segundos iam passando e ele não mudava o discurso; era o próprio ego em ação.

Os colegas em sala começaram a se entreolhar com um certo incômodo. Era um discurso um tanto quanto presunçoso e vaidoso? Talvez. A esposa dele, que estava grávida, passava por trás dele e tentava falar algo, mas ele não permitia.

Contudo, eu não conhecia aquela pessoa direito. Era a primeira vez que a via por vídeo e a ouvi por dois minutos, então mudei meus pensamentos para evitar fazer algum julgamento. Quando me pediram o *feedback*, achei melhor me calar, para talvez não machucar alguém.

Errei? Talvez, mas acredito que o silêncio é muito valioso nessas ocasiões; ainda sou daquelas que prefere calar a ferir, gosto de elogiar em público e criticar no particular (acho mais sensato).

Na minha vez de ser avaliada, como a própria ciência hoje já acredita, o alto QI dele não serviu para sequer compreender o outro, só para centrar nele mesmo.

O fato é que, quando voltei para a cadeira, eu suava, tremia e meus olhos lacrimejavam. Para quem estava lutando para sair de crises, lá estava eu de novo, sozinha em uma sala estranha, sentindo algo que talvez poucos ali entendessem. Eu fazia o maior esforço que conseguia para que aquelas lágrimas não escorressem. Segurava e pensava "Por favor, não chora, você é mais forte do que isso!", "Não desaba aqui!".

O professor disse: "Marta, não leve para o pessoal, estamos aqui para aprender e melhorarmos". Balancei a cabeça concordando e com um sorriso de quem diz: "Está tudo bem".

Sim, estávamos ali para aprender e para nos aperfeiçoarmos, o que faz todo o sentido e é claro para minha parte lógica cerebral (lobo frontal). Acontece que um cérebro enfermo distorce como recebe as informações e sentimos como sendo pessoal sim.

Se a mesma situação ocorresse em um momento que eu estivesse estável, talvez eu tivesse dado boas risadas e verbalizado meus pensamentos sadios.

Mas saí daquela aula arrasada, embora sorrisse para todos e me despedisse com cara de "tudo bem". Depressivos muitas vezes escondem a angústia com um sorriso no rosto.

Aquele trajeto de volta para casa parecia não ter fim. Enquanto minha filha falava e me contava sobre seu dia, minha mente vagava em pensamentos buscando ânimo, com os meus olhos fixos na estrada.

São nesses momentos de sofrimento que aprendemos muito, muito mesmo. A maioria das pessoas não parece estar preparada emocionalmente para ter empatia e ver além do que os olhos enxergam; alguns sequer buscam esse tão precioso bem.

Esse é um exemplo de como um ser que se considera inteligente pode ser tão desprovido de inteligência emocional e habilidade para compreender o outro, como a empatia não pode ser medida em testes de Q.I., e como até mesmo professores precisam desenvolver mais empatia, pois então ele teria outra abordagem quando viu meus olhos cheios de lágrimas (as lágrimas em uma pessoa dizem muito, preste mais atenção).

É sobre ter compaixão, sobre conseguir sentir a dor do outro quando olhar em seus olhos, e então ter qualquer comportamento empático.

Também é um bom exemplo de como outro ser, com o cérebro enfermo, pode entender o contexto de forma equivocada, disfuncional e mergulhar dolorosamente em seu mundo interior.

Eu não gosto de estar depressiva ou de ter desenvolvido depressão, contudo aprendi a aceitar quem eu sou e as feridas causadas pela jornada. Considero-me bastante forte, mas os fortes também podem chorar e devem se dar o direito de desabar, se estiverem no limite.

Eu sorrio ou falo sobre isso com alegria porque aprendi a viver assim, aprendi a compreender meu corpo e busquei entender minha mente para conseguir viver com a depressão de modo que ela não me vença. Isso me faz feliz, me sinto vitoriosa!

Venci o suicídio, o desânimo, a automutilação, o abuso infantil, e tantas outras coisas; tenho orgulho das minhas vitórias. A troco de que deveria fazer "cara de choro" o tempo todo?

Daí as pessoas se enganam e pisam na nossa cabeça!

Nem todas as pessoas que fazem quimioterapia perdem os cabelos, nem todas as pessoas que têm diabetes perdem os dedos dos pés ou membros inferiores, nem todas as pessoas que estão com depressão vivem com "cara de choro".

Talvez o "pacote" que eles viam, bem arrumado, com base no rosto, pele bronzeada do sol, não era o protótipo de alguém que tinha depressão de acordo com o pouco conhecimento de alguns. Talvez eles esperassem uma mulher mal arrumada, com semblante caído e com tom de voz fraco, gaguejando, implorando por piedade.

Sinto muito desapontá-los, eu posso sorrir por fora mesmo chorando por dentro, e quem não entende isso é desprovido das inteligências mais importantes para as relações humanas: emocional e espiritual.

Outra vez, em um treinamento com um dos melhores *coaches* americanos da atualidade, disseram-me: "Você diz sorrindo que tem depressão, parece que você gosta".

Não. Ninguém gosta de sentir a angústia, o vazio e o desespero que as crises depressivas trazem. Posso não ser normal para a maioria, mas isso seria uma forte neurose sem cabimento.

Eu sorrio porque aprendi a lidar com isso. Sorrio, porque quero. Se quero então devo.

Devo isso a mim mesma e sem ter que dar explicações por onde passo. Quem entende, bem, quem não entende, se afaste. Por mais que eu tenha picos e enfrente dificuldades, ainda estou viva, de pé e lutando. Isso me faz feliz, então eu posso sorrir.

Sorrio porque recebi muito amor do Criador e aprendi a me amar e saber o meu valor.

Tenho mais motivos para sorrir do que para viver cabisbaixa, sofrendo, chorando. O estado emocional em um momento não define uma pessoa, sua enfermidade também não.

Quem diz isso nunca me viu em lágrimas implorando ajuda à minha mãe, que só me abraça e alisa meus cabelos tentando me acalmar. Quem fala essas bobagens nunca me viu deitada em uma cama com as lágrimas escorrendo compulsivamente e involuntariamente, com meu marido me olhando, segurando minhas mãos e dizendo: "Pode chorar meu amor, eu estou aqui, está tudo bem". Falaremos mais adiante sobre exemplos claros de dor emocional.

Aceitar a depressão, sua confusão e tristeza
é para quem já está transcendendo.
A transcendência passa pela aceitação.
Marta Lopes

Meu temperamento me puxa para ser uma pessoa agitada, energizada, amorosa, alegre e corajosa. Quem me vê num dia em que a medicação está controlada e no qual estou cercada de desafios que para mim valem a pena, jamais me imaginaria fazendo tratamento para depressão.

Já entrei em casas para ajudar pessoas onde um adolescente havia tentado suicídio ou uma criança sofrera abuso, e quando estava lá, dando o melhor de mim, usando as habilidades que adquiri para ajudar essas pessoas, senti-me um gigante.

Quando conto minha história para que saibam que quem está ali entende aquela dor, normalmente as pessoas arregalam os olhos, me olham de cima a baixo como quem não acreditam no que estão vendo.

Gostaria de um dia vencer o rótulo que deram para depressivos: ombros baixos, cabeça baixa, olhos tristes, baixa energia etc. Ficamos assim quando estamos em crise ou sem tratamento, não necessariamente 24 horas por dia, 7 dias por semana.

Sorria sem se preocupar
com quem não entende você.
Eles não lutam a sua luta
— no fim é você
consigo mesmo.

Desperte! Existem pessoas carregando dores das quais você não faz ideia. Busque ser mais empático. Eleve seus olhos e veja mais do que realmente está vendo. Passou da hora de despertar-mos espiritualmente, emocionalmente, de nos dispormos a perceber a dor do outro e a abraçar em vez de julgar. Uma pessoa que sorri pode estar disfarçando uma dor tão imensa e profunda que, se não receber um abraço sincero, talvez não esteja mais aqui amanhã para sorrir ou chorar.

DOR DA ALMA

A dor da alma, a dor da depressão, levou-me a lugares que nunca imaginei, e incentivou-me a desenvolver um alto nível de empatia e espiritualidade. Eu precisava entender o que acontecia dentro de mim e, consequentemente, comecei a entender as pessoas e seus processos. Tive madrugadas com insônia estudando e orando, e passei a ver a vida de uma outra maneira, observando mais o comportamento humano e sentir o mundo espiritual com mais intensidade.

A dor, para muitos, é um fator desmotivador ou de destruição; para mim foi o combustível na busca de dias melhores. Queria entender a origem daquelas dores e as razões pelas quais não conseguia controlá-las. Eu me acostumei tanto a sentir dor que desenvolvi uma alta resiliência à mesma, muitos ficam impressionados (o que pode estar conectado à minha carga genética também).

Pessoalmente, o maior valor que vejo na dor é o fato de ser um fator de crescimento. Grandes pensadores, poetas, compositores, empresários, alicerçaram seu crescimento em suas dores.

MEU VALOR   Depressão, eu te conheço.

Nós, seres humanos, temos a incrível capacidade para transformar a miséria emocional em descobertas, estímulos e impulso a fim de irmos além do que imaginávamos que seria possível, para conquistar o inatingível.

PERGUNTAS PARA REFLEXÃO

- Você já refletiu sobre quantas vezes a dor o motivou a não parar ou a se levantar?

- E quantas outras vezes a dor o paralisou?

CAPÍTULO 4

CRISE: VILÃ OU MOCINHA?

Desespero. Desespero profundo.
Pensamentos extremamente confusos.
O que é real? O que é imaginário? O que
estou fazendo? Por que ainda estou aqui?
Por que tudo isso? De onde vem
essa dor? Por que comigo?
Dor, dor, dor. Dor emocional. Aquela que
você se prostra em cima de uma cama, ou
de um sofá, ou debaixo de um chuveiro
sentindo a água escorrer pelo seu corpo,
ou se joga dentro de uma banheira, e
geme. Um gemido profundo, que sai
do peito, e tão incontrolável que te faz
babar. E você só consegue parar quando
não tem mais forças nem para gemer.
Marta Lopes

Escrevi o texto acima após uma das crises que tive em Miami, Estados Unidos, depois que consegui levantar do chão, limpar a saliva, as lágrimas e a coriza, que escorriam enquanto eu gemia compulsivamente.

Minutos antes, eu estava na sala de casa, deitada no sofá, conversando com uma amiga que me visitava, quando recebi uma ligação do Brasil e uma pessoa que amo me deu uma notícia bem desagradável. Algo que estávamos esperando acontecer para nos ajudar a sair de uma situação ruim não aconteceu e teríamos de aguardar mais dias na esperança de que o empreendimento desse certo. Perguntei à minha amiga se podíamos orar (no intuito de buscar tranquilidade para não ter uma crise emocional — de depressão) e oramos.

Levantei da oração me sentindo melhor, achei que estava bem. Despedi-me dela e fui para o meu quarto. Quando fechei a porta, praticamente me joguei de joelhos no chão, na beirada da cama e, então ali, tive mais uma crise depressiva.

Algum tempo depois, consegui levantar, peguei meu computador e comecei a escrever mais partes para este livro.

Claro que não gostei do turbilhão de emoções e pensamentos que vieram naquele momento, nem de como fiquei me sentindo mal por muitos minutos depois, entretanto nem toda crise é ruim. Quando ouvimos a palavra "crise" normalmente pensamos em algo ruim.

A crise pode ser benéfica ou maléfica, dependendo de alguns fatores que podem ser tanto externos, como internos. Toda crise conduz necessariamente a um aumento da vulnerabilidade, mas nem toda crise é necessariamente um momento de risco. Pode, eventualmente, evoluir negativamente quando os recursos pessoais estão diminuídos e a intensidade do estresse vivenciado pela pessoa ultrapassa a sua capacidade de adaptação e de reação.

Para alguns, a crise é momento de crescimento, pois provoca novos equilíbrios, gerados pela capacidade da pessoa de se adaptar às situações desagradáveis, exigindo um esforço maior nesse sentido.

Para outros, esses momentos devem ser evitados a todo custo, pois trazem em seu bojo a perda de conexões neurais, cognitivas, tão necessárias à superação de problemas.

A quebra da homeostase (mecanismo de regulação psíquica), do campo cômodo no qual a pessoa se encontra psiquicamente, pode ser benéfica ou não.

Porém, a meu ver, ruim é quando o meu cérebro entra em desequilíbrio químico e perco a capacidade de formar bons pensamentos, comprometendo o meu bem-estar e o bem-estar daqueles que estão ao meu redor. Por isso procuro não me deixar conduzir a um momento psicologicamente crítico.

EXERCÍCIOS QUE FAÇO EM MOMENTOS DE CRISE

1 - Mentalizo algumas frases repetidamente, até sentir que me acalmei. Faço como um exercício de meditação (deitada, sentada, ajoelhada, depende do momento):
Deus, eu te amo.
Deus, eu te agradeço.
Deus, eu sinto muito.
Deus, não se afaste de mim.
Deus, eu aceito a sua vontade.
Eu estou em Deus, Deus está em mim.

2 - Busco me conectar com Deus, em quem coloco toda a minha fé.

3 - Procuro em seguida fazer algo de que traga prazer: escrever, tomar um banho relaxante, cozinhar algo que eu gosto, comer um bolo, passear com minha família, deitar com minha filha para assistir a um filme agradável ou uma série de que ela gosta, ler um livro novo, ir para a praia e deitar na areia, conversar com alguém que me traz paz e alegria, convidar pessoas que me fazem bem para estarmos juntas, ajudar alguém que esteja precisando de ajuda ou simplesmente dormir!

4 - Gosto de visualizar frases que me ajudam a criar um novo, e saudável, padrão de pensamentos. No meu quarto, na minha mesa e em alguns lugares da casa, coloco essas frases para que eu me lembre de repeti-las com frequência (não só em momentos de crise). A mãe do aprendizado é a repetição, quanto mais repetimos algo para nós mesmos, mais nosso cérebro vai buscar realizar aquilo. Algumas frases:

Agora eu vou além das limitações e medos
de outras pessoas. Eu crio minha vida.

É seguro sentir. Estou me abrindo para a vida.
Estou disposta a experimentar a vida.

Estou em paz com minhas emoções.
Eu me amo e me aprovo.

Estou animada com a vida e cheia
de energia e entusiasmo.

Liberto amorosamente o passado. Eles estão livres e
eu estou livre. Está tudo bem em meu coração agora.

Confio na minha voz interior. Eu
sou forte, sábia e potente.

Eu vivo na totalidade de possibilidades.
Sempre tem um outro jeito. Estou segura.

A vida continua, mesmo que isso pareça impossível. Tudo bem se você não se sentir bem de vez em quando, só saiba que você não está sozinho, estamos juntos. A dor e as angústias que o assolam vão desaparecer. Quando se sentir melhor, as coisas ficarão mais claras. Coloque uma música que faça melhorar o seu humor. Mesmo quando se sentir perdido, você ainda pode ser achado.

CRISES DEPRESSIVAS

Ímã na cama

Aí está um assunto delicado. Até hoje tenho uma dificuldade enorme com isso. Não é preguiça. É vontade de fingir que o mundo não existe, e você tampouco. É se encolher como um caracol dentro de sua concha. E quando qualquer um bater na concha perguntando se você ainda esta lá, vem o pensamento "Ah, não! Me esquece!" numa tentativa de impedir que o outro lhe lembre que você existe, que você tem compromissos ou que eles querem que você reaja (sendo que você não tem energia para tal).

Como sair disso? Busque tratamentos, encontre propósitos na sua vida e se dê pelo menos um dia por semana para você virar caracol por algumas horas.

Os tratamentos que faço me ajudam demais. No entanto, se eu não tivesse encontrado propósitos para continuar viva, acordada, me mexendo, não adiantaria. E também quando vejo que estou com a energia muito baixa e não estou a fim de fazer nada, nem ver pessoas, já aviso quem convive comigo: "Hoje vai ser meu dia de cama". Para minha filha não ficar preocupada, brinco: "Hoje é meu dia de preguiça, vou ficar o dia todo em casa, de pijamas e na cama". Vivo e curto aquele dia com prazer e sem culpa.

Antes de dormir converso com meu cérebro, e mentalizo as tarefas que tenho para o dia seguinte e visualizo a agenda. Amanhecer no dia seguinte com propósitos me ajuda a levantar e ir para guerra.

Essa foi a maneira que eu encontrei, contudo conheço pessoas que colocam músicas altas e animadas logo cedo e isso as ajuda a dar um pulo da cama sem pensar; outras conseguem se programar para meditar ou fazer exercícios físicos ou qualquer outra atividade que traga sensação de bem-estar, o que ajuda o cérebro a despertar e gerar energia para se sentir bem.

No meu caso, sou sutil como um coice de cabra pela manhã, sinto tanto mau humor que se alguém ligar uma música alta sou capaz de xingar o indivíduo o dia inteiro, sou capaz de passar horas mal humorada por isso. Se começarem a conversar e fazer perguntas logo cedo então... só meu olhar esmagador já faz o outro se calar. Não conto com orgulho, nem sinto que é legal ser assim, mas é involuntário e, quando percebo, já dei a "patada". Já fiz muita terapia e *coaching* para reverter isso, para mudar minhas atitudes matutinas, mas de acordo com o grau em que está a depressão, simplesmente volto à estaca zero. Contudo a depressão não me jogará mais para baixo!

Quantas festas e compromissos vão se aproximando e você quer desistir? Parece que um ímã o puxa para a cama, para o sofá, para o controle da TV. Às vezes, até no meio do caminho dá vontade de voltar. Enquanto você dirige, os olhos ficam pesados, e vem aquele pensamento: "Ah... não queria ir." Em algumas ocasiões, você até se anima ao chegar e acaba aproveitando; em outras, você não vê a hora de acabar e poder voltar para o seu pijama.

 **Sentir-se assim de vez em quando, ok. *Escute a si mesmo.* Tudo bem não querer fazer as coisas ou não estar com as pessoas de vez em quando; não sinta remorso por isso. Agora, se isso tem sido constante, procure um médico; o seu cérebro pode estar dizendo: não estou legal.**

Ninguém me entende!

Muitos de nós temos a impressão de que ninguém nos entende, porém a realidade é que nem nós mesmos nos entendemos. A pessoa com depressão enfrenta ainda mais essa sensação distorcida. O turbilhão de pensamentos e sentimentos nos confunde e como podemos cobrar do outro o que nem nós mesmos sabemos fazer?

É egoísmo achar que o outro deve nos entender, nos apoiar, nos abraçar. O único que pode fazer isso, porque é o único que nos conhece verdadeiramente e pode nos entender, é Deus.

Como as pessoas iriam me entender se nem eu mesma não me entendia? Sejamos sinceros, somos bilhões de seres complexos com uma mente brilhante e um espírito buscando voltar para quem o enviou nesta jornada. Cada um com sua cultura, seus valores, suas crenças e religião, seu temperamento e suas necessidades a serem supridas. Como exigir que alguém nos entenda completamente?

Fui egoísta por muitos anos pensando assim. Alguns aspectos como a maturidade, os estudos sobre comportamento e cérebro humano, a maternidade e espiritualidade me despertaram nessa parte.

Ouço diversas pessoas reclamarem dessa questão, pessoas que estão enfrentando momentos angustiantes ou estão depressivas principalmente.

Vamos crescer, amadurecer. Não é obrigação do outro entendê-lo se nem você entende o que está acontecendo dentro da sua psiquê. Pare de jogar no outro uma responsabilidade que é sua.

Busque ajuda de profissionais capacitados, faça pesquisas, cursos de autoconhecimento, estude, leia bons livros, enfim, pule dessa cama confortável, nem que seja rolando até cair no chão, mas faça alguma coisa para ter mais autoconhecimento.

E sabe de uma coisa? Depois de tudo isso talvez você chegue à mesma conclusão que eu: realmente ninguém me entende e nunca entenderá, mas porque hoje eu me conheço muito mais, sei respeitar quando estou bem ou não, consigo aceitar quem eu sou e, com essa arma poderosa do autoconhecimento, me libertei da necessidade de aprovação dos outros e sei que o que me traz paz é a crença na aceitação do meu Deus.

O mergulho na espiritualidade foi como uma chave que abriu um mundo de paz para mim. Aproximar-me do meu Criador, do Ser Perfeito que me fez como sou, bastou para aceitar que as pessoas não precisam me entender, porque ele me entende. Ele conhece cada célula do meu corpo, cada pensamento meu.

E está tudo bem se meus pais não compreenderam a criança que eu fui, se muitos não entendiam a adolescente que fui, e se as pessoas ainda não me compreendem! Cada um deu o melhor de si ou o que tinha para dar naquele momento e continua sendo assim. Aprendi a apreciar as pessoas como elas são, apreciar os momentos sem criar expectativas. São as expectativas que nos ferem, nos frustram. "Eu queria chegar em casa e ter um marido me esperando com um buquê de rosas"; "Meu aniversário está chegando, quem será que vai lembrar?"; "Vou comprar uma caixa de chocolates para minha mulher como pedido de desculpas". Presumimos que o outro pensa como nós, deveria agir como nós, sente como nós. Precisamos parar com essa tortura!

Tanto faz quem vai lembrar ou não do seu aniversário. Se aniversário, se isso é importante para você, posta nas redes sociais, no grupo da família, dos amigos, do trabalho, e receba a atenção dessas pessoas como elas puderem dar e aceite sem esperar mais delas. Alguns escreverão mensagens legais, outros copiarão a mensagem daquele que escreveu uma mensagem legal, outros não vão nem escrever nem copiar, e pode ser que alguém ligue para você, que façam um bolinho surpresa, tanto faz. Não é o que o outro faz que deve direcionar seu sentimento de paz ou alegria e sim o que você faz.

Aprecie você mesmo os momentos que vive e as pessoas que o cercam como elas são. Quando vierem pensamentos gerando expectativas, bloquei-os no mesmo momento, respire fundo e troque-os por apreciação.

A enorme sensação de incompreensão pode ser sinal de depressão.

Desenvolva seu auto-conhecimento! Nos momentos em que você perceber que está em crise, avise com carinho: "Hoje não estou legal." Assim, os outros poderão entender que é melhor deixá-lo "no seu canto". Combine previamente, em um dia que está se sentindo bem, com aqueles que o cercam: "Quando eu disser assim, por favor entendam que não estou bem e que não tem a ver com vocês, só preciso de um tempo para organizar meus pensamentos".

As pessoas não são obrigadas a entender você, nem a suprir as suas expectativas da maneira que você acha que tem de ser. O único que sempre o entenderá é Deus. Aprenda a trocar suas expectativas por apreciação, podemos fazer isso em um segundo; aprecie as pessoas, as coisas, os momentos, em vez de criar expectativas e se frustrar. A frustração faz parte do amadurecimento, contudo muitas frustrações seguidas podem desencadear uma crise depressiva. Logo, mudar nossos pensamentos também é uma maneira de evitar crises.

Jesus foi desprezado (Is 53.3), tentado (1Jo 3.5), sofreu (Hb 5.8), sentiu fome (Mt 4.2), chorou (Jo 11.35), também sentiu-se desamparado: "Deus meu, Deus meu, por que me desamparaste?" (Mt 27.46), e passou pela mais dura morte, a crucificação. Em corpo de carne, o verdadeiro Deus e verdadeiro homem padeceu tudo o que padecem os seres humanos, por isso ele pode compreender a sua dor.

Suicídio

Eu venci e você também vencerá.

Hoje considerado um problema de saúde pública, aproximadamente oitocentas mil pessoas morrem todos os dias por cometerem suicídio, ou seja, a cada quarenta segundos uma pessoa está tirando a própria vida, infelizmente.

Em 2017, participei de um dos maiores e, na minha opinião, melhores eventos da minha vida com um psicólogo americano, conhecido como um dos melhores *Coaches* da atualidade. O treinamento tem o intuito de transformar, revitalizar, energizar e realmente cumpre com seu propósito.

Em determinado momento, acredito que no terceiro dia, o profissional entra com o peito estufado, cheio de valentia e autoridade (normalmente ele já entra em cena assim, mas ele estava tomado por um poder sobrenatural) e pede para os depressivos que tiveram pensamentos suicidas, ou tentativas suicidas ultimamente, ficarem de pé. Um americano que estava sentado ao meu lado deu uma encolhida na cadeira, olhou para mim e falou baixinho: "Puxa, chegou a hora". Naquele momento, poucos participantes se levantaram e eu, lógico, fiquei sentadinha observando o que aquele "xarope" ia fazer.

Um frio na barriga me tomou, enquanto ele descia do palco com aquele olhar fulminante escolhendo de qual daquelas pessoas que levantaram ele iria ao encontro primeiro. Minhas mãos suavam e meus olhos mal podiam acreditar no que estavam vendo. Admiro aqueles três ou quatro corajosos que se levantaram na frente de quase dez mil desconhecidos para ficarem totalmente vulneráveis. Mas, sinceramente, se eu estivesse em crise suicida, até teria coragem de levantar. Um suicida não está muito preocupado com julgamentos, na verdade a única preocupação é acabar com aquela dor. Convenhamos que já foi preciso coragem para pagarmos bastante dinheiro para estar ali, com o que acreditávamos ser o melhor profissional no momento para nos ajudar, Anthony Robbins. Então, era tudo ou nada, era conseguir vencer aquela dor de uma vez por todas ou voltar para casa e acabar com tudo.

Confesso que até deu vontade de levantar, só que eu estava fazendo tratamento psiquiátrico e tomando medicações, então suicídio não era algo que estava me perturbando por aquele tempo; tinha sido no passado, mas não mais, então fiquei no meu lugar, atenta a tudo o que estava por acontecer.

Coisas interessantes aconteceram, foram algumas horas de conversa complexa e profunda, na qual todos aprendemos muito com o que presenciamos. Pareceu-me que aquelas pessoas saíram dali bem aliviadas e o psicólogo conseguiu ajudá-las a extinguir a ideia de suicídio. Fiquei feliz por elas e aliviada em ver que deu certo todo aquele cenário de "hora do vamos ver". Lidar com pessoas deprimidas não é uma tarefa simples, e quando elas estão tendo pensamentos ou atitudes suicidas é muito mais delicado.

O que serviu como um despertar para mim foi este *insight*:

"Dor não é um fato, é uma percepção dos fatos". Como uma coisa que parece tão óbvia jamais tinha passado em minha mente? Depois disso consegui dar nomes à dor emocional inexplicável que sinto de vez em quando: medo, raiva, vergonha, culpa, incerteza. Uma vez que essa dor é a percepção de algo que aconteceu, como posso trabalhar a minha interpretação do ocorrido para que essa dor diminua?

Aprendi a expor em palavras essa dor, sem precisar me machucar. Então quando algo está me fazendo entrar em crise e a vida começa a perder o sentido, eu me pergunto: "O que está por trás disso tudo? Qual nome posso dar a essa dor neste momento?" Dependendo da resposta que meu cérebro me dá, ajoelho para orar e confesso a Deus o que estou sentindo quantas vezes for necessário e peço ajuda, com fé que ele está ali me ouvindo.

Por exemplo: "Deus estou com muito medo, medo, medo. Este medo está me fazendo mal, preciso reagir contra ele. Não quero tirar minha vida, só preciso vencer este medo, por favor me ajude!". Ou então, ligo o chuveiro, entro para tomar banho e repito várias vezes: "Vergonha, vergonha, o que estou sentindo é vergonha, por que estou com vergonha?" E quando você faz as perguntas certas para o cérebro, vêm as respostas imediatamente, e daí em diante fica mais fácil resolver ou buscar um conselho de alguém ou a ajuda de um profissional que pode ouvi-lo e direcioná-lo a uma solução.

Minhas experiências com crises suicidas foram marcantes. Nasci e cresci em uma família cristã, congregando habitualmente e conhecendo a Palavra de Deus como a única e soberana verdade. Sendo assim, fui ensinada que não temos o direito de tirar nossa vida, nem a vida de outros; que problemas são passageiros, somente nossa alma é eterna.

Mas quando os problemas passageiros causaram tamanha dor emocional em mim, quando minha mente já não era mais saudável, não conseguia agir e reagir como normalmente faria. Então veio a sensação de que a única forma de acabar com aquela dor seria acabando com a minha própria existência.

Não passou na minha mente quem ficaria triste ou seria prejudicado se eu fizesse isso, porque a dor é tão perturbadora que não o deixa pensar em mais nada, só no desespero de se libertar daquilo.

A confusão mental é tal que distorcemos a realidade. Cheguei a acreditar que seria um alívio para a minha família se eu não existisse mais, afinal de contas eu era a menina "rebelde", difícil de entender; na minha mente eu causava mais dores neles do que alegrias. A ânsia de querer superar as expectativas deles para que me amassem me consumia, porque, por mais que eu quisesse ser como eles gostariam, eu acabava escolhendo ser eu mesma e isso gerava os olhares e rumores de desaprovação em pessoas para quem eu queria dar orgulho. Dor, desespero, rejeição, real ou não, era o que me consumia.

Então um dia peguei um carro e decidi que não iria mais voltar. Eu morava na capital de São Paulo, no Brasil, e dirigi em direção a uma estrada que desce para o litoral do Estado de São Paulo. Uma estrada que, na época, era bem perigosa e sem muita proteção. Quem caísse nos abismos ali, despencaria quilômetros dentro da Mata Atlântica, sem chance de sobreviver.

O plano estava feito e eu já estava a caminho.

Nem sabia onde minha família estava; meu pai viajava muito, não parava em casa e não avisava quando voltaria; eu nem sabia se ele estava na cidade. Minha mãe trabalhava e estudava bastante; também não imaginava onde ela pudesse estar.

Quando parei em um semáforo vermelho, aguardando a luz verde para prosseguir, uma voz suave sussurrou em meu ouvido: "Por que você não vai congregar antes?"

Repare como tudo isso é ilógico. Alguém que está prestes a terminar com a própria vida vai à igreja antes de continuar com o plano.

Por alguma razão que não sei explicar, obedeci àquela voz e fui para a igreja. Cheguei e o culto já havia começado. Estava quase na hora que chamamos de "pregação da Palavra", o momento durante o culto em que acreditamos que o Espírito Santo fala conosco usando o irmão que está no púlpito lá na frente, como instrumento de Deus.

Então nem sentei mas fiquei em pé, no fundo da igreja, encostada na parede.

A Palavra começou e foi lido na Bíblia a parte em que Jesus ressuscitou Lázaro.

No meu cansaço mental, pensei: "Pronto, lá vem Deus dizer que Maria escolheu a boa parte e que Marta era a errada". Fiquei olhando para frente totalmente cética e desencorajada. Muitas pessoas brincam comigo, até hoje, por causa dessa passagem bíblica de onde veio meu nome.

O irmão ancião ia pregando a Palavra (eu não o conhecia pessoalmente) e minha mente nem estava absorvendo o que meus ouvidos escutavam. Quando então, de repente, aquele irmão foi tomado de um poder espiritual imenso e, com autoridade, olhou para o fundo da igreja, apontou na minha direção e surpreendeu-me, dizendo: "Moça, talvez seu nome seja Marta e você entrou aqui com o propósito de tirar a sua vida ao sair desta igreja". Minha cabeça levantou, minha postura ficou reta, meus ombros voltaram para trás, e o recado continuou: "Hoje Deus trouxe você até aqui para dizer-lhe: Eu amo você. Vou rasgar os seus planos e colocarei alegria dentro do seu coração." Eu já estava em outro nível de energia que não sentia meu corpo e as lágrimas eram involuntárias escorrendo pelo meu rosto. Então finalizou: "Sou o Deus que o formou e que conhece o seu futuro". E num grito lá de cima, ordenou: "Depressão, chega! Dá uma pausa para minha serva!" Eu caí de joelhos porque não tinha mais forças para permanecer em pé diante de tanto poder espiritual.

A Palavra continuou voltada a todos e o culto terminou. Entrei naquele carro, antiga ferramenta do plano doentio, e fui direto para a casa de meus avós. Cheguei e já entrei correndo, querendo contar aquilo para alguém, dividir aquela experiência sobrenatural. Alguns familiares estavam jantando, entrei contando com entusiasmo e... advinha? Uns me olharam com a cara de "lá vem você de novo com suas maluquices", outros nem sequer levantaram os olhos do prato, e um, que já tinha terminado de comer, me ordenou: "Vá dormir que amanhã cedo você tem cursinho". Como escrever sem *emojis* a cara de pasma que eu fiz?

Cada pessoa vive uma batalha de que não fazemos ideia e temos uma tendência a valorizar mais a nossa. Naquele momento eu estava querendo atenção de pessoas que não tinham isso para me dar, talvez porque suas batalhas estavam tão árduas quanto a minha ou talvez o cansaço do dia de trabalho consumia a mente de cada uma delas.

Tudo bem. Mais algumas lições aprendidas:

1. Só Deus o conhece inteiramente.

2. Só Deus o entende e socorre como você precisa.

3. Só Deus o ama apesar de todos os seus defeitos e está disposto a lutar por você.

4. Só Deus sempre estará disponível para ouvi-lo e abraçá-lo.

5. As pessoas estão tão atarefadas e estafadas com as coisas dessa vida que pararam de prestar atenção no ser humano; estão perdendo grandes oportunidades de ouvir, abraçar e compartilhar aprendizados com o outro.

6. Está na hora de despertarmos, vivermos mais próximos de Deus, de nos preocuparmos somente com o que ele quer de nós e não com as expectativas que as pessoas têm sobre nós ou as que colocamos sobre elas.

Sim, Deus me livrou de cometer suicídio e este mesmo Deus tem me sustentado até hoje e tem me ajudado a não repetir os mesmos erros que cometi e que cometeram comigo.

Segundo o Ministério da Saúde, a maioria das pessoas que cometem o suicídio em algum momento expôs o pensamento sobre o ato, ou seja, deu a dica. É errado afirmar que eles querem mesmo morrer, quando é comum o arrependimento logo após a tentativa. "Boa parte das pessoas com intenção suicida expressa os seus pensamentos por meio de palavras que remetem a sentimentos de culpa, desesperança, baixa autoestima e problemas morais", declarou Luis Sales, médico analista de Evidências, para a Organização Mundial da Saúde.

Por mais que existam tratamentos eficientes para a depressão, menos da metade das pessoas que sofrem depressão no mundo recebe tratamentos (em alguns países, menos de 10%).

Indivíduos com distúrbio mental grave (como depressão, abuso de álcool e drogas, esquizofrenia, transtorno bipolar) devem receber especial atenção dos seus familiares. "Pacientes com quadro depressivo mais grave, com ideação suicida, devem ser cuidadosamente acompanhados e, se necessário, encaminhados a um serviço especializado, a fim de prevenir a tentativa de suicídio", afirma Luis Sales, (2019).

Prevenir o suicídio vai além do tratamento médico adequado, abrange inclusão e suporte social, familiar e acompanhamento com terapia.

Para ajudar a minha vida desafiadora, faço parte do grupo das pessoas cujos familiares não perceberam os indícios suicidas. Pelo fato de eu ser uma pessoa com temperamento sanguíneo, aparento alegria e mostro sorriso mesmo em situações que me trazem angústia. Existem muitas pessoas como eu, que sorriem e demonstram alegria para mascarar a profunda tristeza que as consome por dentro.

Eu tive, e tenho, só uma pessoa a quem conseguia contar esses pensamentos e, graças a Deus, ela soube me ajudar, me apoiar sem julgamentos. É uma prima que considero como irmã, crescemos juntas. Ela era a única que largava tudo para ir me buscar sentada na calçada, balançando que nem gangorra, apertando os joelhos contra o peito na esperança de que aquela dor diminuísse. Só o fato de ela se importar comigo, de conversar comigo, já bastava para aliviar aquela dor e começarmos a dar risadas novamente.

Eu tinha medo de contar para meus pais e apanhar ou ser castigada; talvez eles nem fizessem isso, mas os medos que rodeavam minha mente não me davam coragem para falar. Hoje vejo muitos adolescentes que não têm medo de falar, talvez porque os limites mudaram, alguns valores familiares também, não sei bem, contudo vejo como uma boa coisa. Quando a pessoa tem liberdade e coragem para expor seus medos, sentimentos e pensamentos perturbadores, é uma maneira de pedir ajuda.

O que me entristece é que, mesmo que alguns falem para os pais, cônjuges ou amigos, as pessoas nem sempre tomam as providências necessárias. Muitas famílias não querem aceitar que o filho está com esse problema. Alguns pais acham que isso é fraqueza do filho e outros não querem admitir porque seria admitir que erraram na criação ou formação do próprio filho. E essa não aceitação, algumas vezes acompanhada por cobranças e imposições, está aumentando o índice de suicídio em jovens e adolescentes.

 **O suicídio lidera a causa de morte de pessoas entre 15 e 29 anos de idade. Fique fora desse número, venha comigo e seremos parte de outra estatística: a dos que venceram e hoje podem ter orgulho de quem são, e podem ajudar pessoas que estão passando por esse momento difícil a vencerem também. Procure ajuda de profissionais capacitados. Ligue para os números de suporte a suicidas em seu país.**

Família: dê mais atenção e tempo de qualidade para as pessoas que você ama ou se importa e ajude-as a fazerem o mesmo por você. No início, pode parecer algo programado e meio robótico, mas com o tempo se tornará um hábito saudável. Acesse o site da Organização Mundial da Saúde e leia a cartilha Diretrizes Nacionais de Prevenção e ajude seus pacientes, clientes, alunos, colaboradores, familiares a entenderem melhor sobre o assunto e evitarem tragédias.

Automutilação

Embora esse comportamento seja muito mais frequente e intenso em paciente com transtorno de personalidade borderline (outra doença mental, caracterizada pela instabilidade de humor, com sintomas de sentir-se inseguro, sem valor, impulsivo, comprometendo relações sociais), o comportamento de cortar-se ou machucar-se, assim como na questão do abandono e da rejeição, está ligado ao sistema opioide e à grande liberação de betaendorfina pelo cérebro. É um comportamento de alívio.

O indivíduo tem menos betaendorfina do que as pessoas que não se sentem abandonadas. Para aliviar a dor emocional, o sofrimento psíquico, o indivíduo provoca um ou mais ferimentos, para que haja liberação de mais betaendorfina, opioides endógenos.

Para entendermos melhor o que acontece no organismo, um bom exemplo é quando alguém sofre um acidente de automóvel, quebra a perna, tem ferimentos pelo corpo todo e ainda assim consegue sair do carro caminhando, sem sentir dor, para se salvar. Isso só foi possível porque naquele momento houve uma liberação imensa de opioides endógenos que fizeram com que o indivíduo não sentisse dor (analgesia).

Esse mecanismo de analgesia acontece com pacientes que se machucam para diminuir a dor psíquica; o paciente não sente dor quando está se ferindo fisicamente durante a dor psíquica.

Num momento em que eles não estão vivenciando abandono ou rejeição, se pedirmos a esses mesmos pacientes para ferirem o corpo, eles sentirão muita dor física, como qualquer pessoa sã.

Nosso cérebro é inteligente, pequenos ferimentos causam dor, grandes ferimentos induzem à analgesia. A capacidade de buscar a sobrevivência faz o sistema liberar um monte de betaendorfina para que a pessoa possa sobreviver àquele grande ferimento.

Logo, o sofrimento físico alivia o sofrimento psíquico. A pessoa não sente dor física quando está sendo excluída socialmente e pode ser um alívio ao sofrimento psicológico se tiver algum ferimento físico.

O indivíduo que se mutila não quer se matar, cometer suicídio, e não é vontade de chamar a atenção. O que ele busca é o alívio do sofrimento, daquela dor profunda e desesperadora.

Momentos de solidão e vazio profundo são momentos em que a dor emocional é tão desesperadora que você passa a querer sentir uma outra dor, dor física, na tentativa de aliviar a emocional. Esse processo é inconsciente.

A automutilação foi presente na minha vida cada vez que discuti ou apanhei dos meus pais por enfrentá-los ou porque eu queria ser diferente do que eles queriam que eu fosse (eu deixava-os irados por não aceitar algumas imposições... não os culpo hoje, após anos de terapia, mas na época, eu não entendia a atitude ou reação deles). Confesso que a "psico-tapa" não doía tanto quanto as palavras ou os olhares de desprezo ou desaprovação.

Uma vez li em algum lugar (não lembro onde, se não colocaria aqui) que a maior parte de nós quando apanha sabe por que está apanhando. Eu sabia e estava disposta a encarar isso para mostrar quem eu realmente era, para conquistar uma liberdade que para mim era importante. Faria tudo de novo e hoje dou risada junto com meus pais das vezes que apanhei.

O que realmente me machucava era quando eu sentia no olhar de um deles, ou de alguém que eu amava: desaprovação, raiva, desprezo e outros. Trancava-me no banheiro, fechava a tampa da privada para sentar em cima e ficava arranhando meus braços na tentativa de sentir arder, sentir doer meus braços, para então, pelo menos, saber dar nome a alguma dor.

O dia em que meu pai me expulsou de casa, porque ele não concordava com meu namoro com um colega da faculdade, foi inesquecível. Eu só tinha 18 anos e uma vontade enorme de poder ser eu mesma e me adaptar à cidade para a qual mudamos, por conta do trabalho dele.

O fato de ele não concordar com o namoro me deixava triste, mas preferir me ver longe dele a aceitar quem eu era e as escolhas que eu fazia... ah, isso sim, doeu. Mais uma vez a rejeição e o abandono bateram duro na minha cara.

Enquanto eu estava no voo (saindo de Manaus e indo para São Paulo, para a casa dos meus avós que me receberam com muito amor), meu peito doía tanto que eu não sabia o que estava acontecendo comigo. Chegando em São Paulo, somente com uma mala nas costas, senti tanta vergonha em encarar a família que, no primeiro banho, eu chorava debaixo do chuveiro e dava tapas em meu rosto. A sensação era a de que eu não era digna do amor deles.

Meu pai não fazia a menor ideia do que acontecia dentro de mim e não sabia lidar com isso. Na mente dele e segundo os seus valores, o que ele estava fazendo era o melhor para mim, talvez estivesse tentando me defender, me proteger das minhas "más escolhas".

Infelizmente, nem eu entendia o que acontecia dentro de mim; a depressão traz uma confusão mental que o depressivo mesmo não se entende.

Como já vimos, os depressivos (e os portadores do transtorno de personalidade borderline) possuem uma enorme sensibilidade à rejeição. Cada olhar de reprovação, briga, acusação, aciona no cérebro a região responsável pelo abandono e pela rejeição (sendo real ou não, pessoas com essa sensibilidade acionam essa região em segundos e as consequências podem ser péssimas).

O tratamento médico em conjunto com a psicoterapia é extremamente necessário em casos de automutilação. Nem a família nem a pessoa têm culpa do que está acontecendo. A mente humana é muito mais complexa do que podemos supor.

Vergonha

Quantas vezes nos sentimos assim?!

Não somente pelas bobagens que fazemos, mas também pelas crises que temos e acabamos magoando quem menos queríamos. Na minha opinião, esse sentimento de solidão nos leva a fazer coisas de que não gostaríamos. Vamos machucando nossa integridade. Quantas vezes "enchi a cara" de bebidas alcoólicas no intuito de ter momentos de alegria, esquecer aquele estado de tristeza, angústia, autocobrança, cobranças externas, de estar perdida em pensamentos, buscando ser quem eu sou, sem a certeza de quem era mesmo essa pessoa.

Depois vinha a culpa, a vergonha por ter exagerado. Mas confesso que senti vontade de fazer tudo de novo só para sentir aquela sensação de liberdade, de poder rir alto, falar palavrão sem sentir culpa, aproveitar aqueles momentos como eu realmente gostaria e não como os outros ditavam.

Algumas vezes vejo pessoas, artistas ou cantores, muito loucas e penso: se não fosse a minha família e a espiritualidade que Deus foi desenvolvendo em mim desde criança, acho que seria igual a eles ou pior. Não falo disso com orgulho, mas também não os critico. Olho para eles e apenas vejo uma parte de mim que consegui dominar a tempo. Eu não tinha maturidade para muitas coisas sobre as quais hoje dou risada.

 **Aprenda a reconhecer sua imaturidade e a rir de si mesmo! Todos erramos o tempo todo. Não importa o quanto você acha que está certo, pode estar errando só por achar isso. Mas tudo bem, isso não o faz melhor, nem pior, apenas humano.**

Mídia Social

Vejo vídeos e fotos compartilhados na Internet nos quais as pessoas mostram algo socialmente recriminado e me preocupo, pois posso sentir a dor delas quando chega o dia seguinte, quando vem a inevitável sobriedade.

Fico triste por quem filmou na intenção de propagar momentos dolorosos de seu semelhante (autores de vídeos assim demonstram a inabilidade empática e espiritual que a sociedade transborda); fico triste por quem está compartilhando e mais triste ainda com os que conseguem dar risadas. Rir de alguém que está fora de si, descontrolado emocionalmente, lutando para viver sem dor em um mundo cheio de dores, é muita crueldade.

Muitos não fazem ideia do desespero espiritual que existe por trás daquele comportamento.

Outras pessoas mostram uma felicidade que não existe. Algumas fazem questão de tirar fotos invejáveis, mesmo sendo na casa, no carro ou no barco de outros, às vezes nem mencionam que aquilo tudo não é delas, querem que os outros acreditem no que elas gostariam de acreditar. Contudo, quando voltam à "vida real" sentem-se frustradas, decepcionadas e vão alimentando a inveja pela vida daqueles que possuem o que elas não têm, acreditando ingenuamente que a vida do outro é melhor do que a delas.

Por trás de alguém que deseja mostrar ser quem não é, existe um ser humano cheio de traumas, dúvidas, medos, como qualquer um de nós, ou uma pessoa cheia de neuroses, como muitas outras. É de causar pena.

Segundo o sociólogo americano Robert Weiss (1970), existem dois tipos de solidão: a emocional e a social. Weiss escreveu: "a solidão emocional é o sentimento de vazio e inquietação causado pela falta de relacionamentos profundos. A solidão social é o sentimento de tédio e marginalidade causado pela falta de amizades ou de um sentimento de pertencer a uma comunidade". Atualmente estudos conferem a tese de que as redes sociais podem diminuir a solidão social e, em contrapartida, aumentar a solidão emocional. Falaremos mais sobre solidão adiante.

Fato é que, pessoas carentes estão usando a mídia social para expor suas dores, necessidades e terem a sensação de fazer parte de algum grupo ou comunidade. Alguns trocam grande parte dos encontros presenciais e reais pela experiência virtual e estão adoecendo sem perceber.

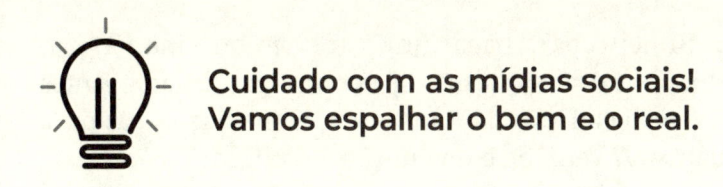

Cuidado com as mídias sociais! Vamos espalhar o bem e o real.

Os *haters* são seres machucados distribuindo suas dores. Descontar no outro sua dor, agressividade ou frustração é mais do que cruel, é doentio. Busque ajuda. Temos uma expressão em inglês que diz: *Hurt people hurt people* (Pessoas machucadas machucam pessoas). Se você for vítima de um deles, ignorar e seguir em frente é a melhor escolha; se isso for impossível, converse com um terapeuta.

Siga, curta, acompanhe quem é de verdade, quem colabora com o seu crescimento pessoal, profissional e espiritual.

O seu cérebro está *o tempo todo* sendo alimentado com o que você vê, ouve e sente.

Quanto mais gastarmos tempo nas mídias sociais, mais depressivos ficaremos.

Abuso de álcool

Eu queria me livrar das correntes que me seguravam. Um alcoólatra não gosta do que está fazendo, do exagero; ele gosta da sensação que isso traz! Mesmo que por poucas horas.

Cheguei a um nível em que já acordava pensando a que horas eu iria beber de novo, para sentir aquela sensação de prazer. Depois de alguns meses assim, uma amiga, a quem eu estava ensinando a dirigir, bateu com o meu carro. Eu estava ao lado dela bebendo, sem o cinto de segurança. Quando bati a cabeça no para-brisas e quebrei o retrovisor com a minha testa, levei um susto e me veio um pensamento: "O que você está fazendo? Onde você quer chegar assim?" Aquilo foi como um despertar. Comecei a unir forças internas para não beber tanto, nem todos os dias. Foram dias difíceis. Eu não podia contar para minha família porque tinha medo de que me castigassem; não queria falar para meus amigos porque muitos iriam rir e achar que eu estava exagerando e outros não entenderiam.

Não tinha dinheiro para pagar um psicólogo ou uma terapia. Comecei a orar todas as noites, mesmo após estar embriagada. Antes de dormir orava e pedia a Deus para me ajudar e me dar forças para sair daquela situação. A verdade é que nunca é fácil. Mas, não existe vitória sem guerra, e coisas fáceis não ensinam. Então "me joguei" na academia e fiz capoeira, natação, musculação, malhando que nem uma condenada. Isso me ajudou muito.

Pouco a pouco fui conseguindo e na verdade nem me lembro quando me libertei daquele vício. Venci aquela extrema necessidade de ingerir álcool todos os dias, de acordar já buscando um momento para isso.

Em alguns casos, a Depressão Maior pode mascarar uma segunda doença, o alcoolismo. A pessoa tenta aliviar seus sintomas depressivos ingerindo álcool. Pessoas nessa condição devem ser tratadas como depressivas com dependência alcoólica. Quem recebe tratamento para alcoolismo pode não conseguir total recuperação se não receber conjuntamente tratamento para transtorno depressivo.

 **Buscar ajuda para você ou para seu filho, seu parente, é amor e jamais será vergonhoso. Ter vergonha de ter um parente com alguma enfermidade o torna mais doente do que ele. O que é ser normal? Depende do conceito de normalidade de cada um. Ame as pessoas que Deus colocou na sua vida como elas são. Todos temos intestinos! Ter vergonha de quem somos é falta de amor-próprio. Deus nos fez assim e para alguns propósitos. Encontre os seus!**

Solidão / Isolamento

Devo começar agradecendo... muito! Preciso agradecer a cada amigo "mala" que não me deixava ficar quietinha no meu canto, a cada prima insistente que me fazia tirar o pijama e colocar uma roupa legal para sair, aos meus pais pelas ameaças de castigo caso eu não fosse para a igreja naquele dia (minha vontade era de só ficar na cama) e muito mais a Deus, por renovar minhas forças cada vez que entrava na igreja ou que ajoelhava para fazer orações.

A solidão é o fator que mais adoece, comprovado pela Neurociência.

Como uma sanguínea pura, pense em alguém que gosta de fazer umas coisas "erradas". Minhas primas sabiam bem como me motivar a sair do isolamento: "Vamos pular a janela para sair e ver o pessoal do condomínio?"; "Vamos passar a noite acordadas comendo besteiras escondidas dos pais?"; "Vamos pegar o carro de alguém que está dormindo e dar uma volta?" Sou imensamente grata por tê-las em minha vida.

Tive amigos que "invadiam" meu quarto e diziam: "Você vai com a gente sim, você não vai ficar aqui sozinha." Na hora me dava raiva porque faltavam forças para levantar. Mas uma vez que eu levantava, tomava um banho, trocava a roupa, colocava alguma roupa que me fazia sentir bonita, o humor já melhorava. Depois os assuntos, as brincadeiras, as palhaçadas, as trapalhadas me faziam sorrir e eu voltava para casa renovada. Até hoje, 15 anos depois, em períodos de crise, sonho durante a noite que estou sozinha em uma casa ligando para meus amigos virem me buscar.

Obrigada queridos! Devo à sua amizade muitos momentos de superação.

Receber afeto e carinho faz toda a diferença para vencermos o isolamento. Jean Watson (10 de junho de 1940) é uma teórica e professora de enfermagem norte-americana conhecida por sua "Filosofia e teoria do cuidado transpessoal". Ela também escreveu vários textos, incluindo "Enfermagem: a filosofia e a ciência do cuidado". O estudo de Watson sobre cuidados foi integrado à educação e ao atendimento de pacientes em várias escolas de enfermagem e unidades de saúde em todo o mundo.

Jean Watson refere-se ao ser humano como "uma pessoa valorizada em si mesma para ser cuidada, respeitada, nutrida, compreendida e assistida; em geral, uma visão filosófica de uma pessoa com um eu totalmente funcional e integrado."

Para Watson, a "saúde é definida como um alto nível de funcionamento físico, mental e social geral; um nível geral de manutenção adaptativa do funcionamento diário; e a ausência de doença ou a presença de esforços que conduzam à ausência de doença [...]". (GONZALO, 2021).

Embora a ideia de Watson se aplique à enfermagem em si, o modelo proposto por ela pode bem ser aplicado às questões das relações familiares e/ou interpessoais entre enfermos e aqueles que os cercam.

Sendo assim, creio ser interessante ao menos apresentar o que concerne aos cuidados que diretamente se aplicam às pessoas depressivas:

- O cuidado pode ser efetivamente demonstrado e praticado apenas interpessoalmente (entre 2 ou mais pessoas);
- Cuidar consiste em fatores curativos que resultam na satisfação de determinadas necessidades humanas (veja a pirâmide das 5 principais necessidades humanas de Maslow a seguir);
- O cuidado eficaz promove a saúde e o crescimento individual ou familiar;
- As respostas atenciosas aceitam o paciente como ele é agora, bem como o que ele pode se tornar;
- Um ambiente de cuidado é aquele que oferece o desenvolvimento de potencial, ao mesmo tempo que permite ao paciente escolher a melhor ação para si mesmo em um determinado momento;
- A ciência do cuidar é complementar à ciência da cura.

Autorrealização — é o que move os seres humanos a alcançarem o seu potencial completo. Para Maslow, a autorrealização é a única necessidade de crescimento, baseada em valores do "ser", do "tornar-se o que se é", ou seja, "realizar-se". Quem é autorrealizado sabe quem é, o que é, e talvez o mais importante, sabe o que não precisa ser.

AUTO REALIZAÇÃO

ESTIMA

SOCIAL

SEGURANÇA

NECESSIDADES BÁSICAS

*Baseado na pirâmide de necessidades de Maslow

Segundo Abraham Maslow (1908-1970), a necessidade é, em síntese, a privação de certas satisfações. Nesse modelo de pirâmide perceba que, à medida que nossas necessidades vão sendo supridas, surgem outras. A base da pirâmide é formada por nossas necessidades básicas: fisiológicas e de segurança. Depois vêm as necessidades psicológicas, sociais: amor e relacionamentos. E por fim as necessidades individuais, de autorrealização.

O ser humano é o único mamífero que, ao nascer, se não tiver outro para o alimentar, hidratar, limpar e dele cuidar, simplesmente morre. Daí já podemos refletir sobre a dependência que temos uns dos outros. Se não fosse por alguém cuidando de nós (nossa mãe, avó, tia, alguma enfermeira ou qualquer outro ser), não estaríamos vivos.

O indivíduo que não tem suas necessidades básicas atendidas está mais propenso a desenvolver depressão e outros tipos de transtornos. E isso vai afetar a parte superior da pirâmide.

Como alguém que não recebe cuidados básicos, que cresceu em um ambiente hostil, terá uma boa relação familiar? A autoestima dessa pessoa será totalmente prejudicada, afetando dolorosamente a autorrealização.

O sentimento de pertencimento colabora para nossa saúde emocional, prevenindo depressão, ansiedade e muitas outras enfermidades.

Não confunda solidão com quem está só. Pessoas que moram sozinhas não são, necessariamente, solitárias. E pessoas com famílias numerosas, casas lotadas, podem experimentar o vazio da solidão. Podemos estar sós e não ter o sentimento de solidão, ou podemos estar rodeados de pessoas e nos sentir como estranhos no ambiente, experimentando asensação de indiferença dos demais.

A solidão é um estado interior da falta de autonomia na vida e não a aparência exterior visível.

Temos necessidade do outro, somos seres sociais. Pessoas que denominam-se "autossuficientes" possuem carências e traumas ligados a relacionamentos.

Muitos, na tentativa frustrada de preencher o vazio da solidão, gastam o tempo com tecnologia e mídias sociais em vez de interagir pessoalmente com outras pessoas, familiares e amigos. Preencher a carência afetiva com o uso da tecnologia acarreta em um isolamento cada vez maior.

Entender as necessidades específicas das pessoas que você ama o ajudará a sair do automático e perceber melhor o que está prejudicando o bem-estar familiar.

 Quanto mais isolados, mais introspectivos ficamos e afundamos em pensamentos. Quando temos depressão, esses pensamentos são negativos. Pensamentos negativos geram emoções negativas, que geram comportamentos negativos. A interrupção dos pensamentos é importante nesse momento. Dependendo do grau de depressão que a pessoa apresenta, ela pode não conseguir fazer isso sozinha. Então, perceber que alguém está há muitas horas sozinho em casa, ou no quarto ou no banheiro, e tomar uma atitude amorosa para tirá-lo dali, pode ajudar a combater o isolamento e evitar riscos de automutilação, suicídio e outros.

PERGUNTAS PARA REFLEXÃO

- A palavra "crise" ainda o assusta?

- Quantas crises você já superou e lhe trouxeram aprendizados?

- Quais necessidades ainda precisam ser supridas para você alcançar a autorrealização?

CAPÍTULO 5

VIVER E CONVIVER COM A DEPRESSÃO

*Meus momentos de depressão
me fizeram ser mais humana, ter
mais empatia e ser mais forte.*
Marta Lopes

Conto neste livro muitas das minhas experiências e busquei estudos e informações o máximo que pude. Acontece que, em se tratando de corpo humano, mente humana, cérebro, na medicina cada caso é um caso.

Algumas pessoas terão a bênção de viver e morrer sem conhecer o que é depressão, almejo isso.

Outras precisarão aprender a lidar com essa enfermidade por algum motivo. No meu caso precisei aprender desde criança, então este capítulo basicamente resume vários aspectos e aprendizados da minha vida.

A família precisa apoiar o tratamento e ter muita paciência.

A crença ou fé é um dos principais recursos que temos disponíveis para passar por esse processo, sabendo que Deus nos ajudará a passar; contudo, é preciso fazer a nossa parte, ou seja, buscar ajuda de médicos e terapeutas. Uma coisa não substitui a outra. Peça a Deus para operar e busque fazer a sua parte: tomar o remédio e fazer a terapia, o tratamento indicado.

 **Agradeça!** O que você está enfrentando hoje é uma preparação para um amanhã melhor. Aprenda a colocar para fora e verbalizar, ou escrever, o que vem à sua mente. Isso funciona como uma terapia e produz um bom efeito tranquilizante.

MOTIVAÇÃO

Consigo enxergar um coração cheio de amor quando vejo uma pessoa depressiva, perdida em si mesma, que não soube ou não pôde dar amor, e que não conseguiu receber o amor que precisava. Filhos de pais muito controladores e dominantes são exemplos disso; crianças e idosos abandonados também. Essa parte motivacional remete à pirâmide de Maslow que vimos no capítulo anterior.

Qual sua motivação para acordar e sair da cama?

A motivação para fazer alguma atividade que dê prazer é o que fará você sair da cama naquele dia. Quando estamos com depressão, temos dificuldade para encontrar prazer no que fazemos, então fica mais difícil sentir vontade de sair da cama.

Para indivíduos que estão em processo depressivo existem dois horários mais difíceis: a manhã (normalmente acordam com um humor horrível pela manhã) e o final da tarde (perceber o entardecer, quando o sol se vai e a noite chega, deprime mais ainda os depressivos).

Exercícios e ferramentas de *coaching* podem ajudar. Por exemplo, colocar músicas alegres que fazem o seu corpo se mexer pela manhã motivam; escutar músicas calmas ou sons da natureza para dormir acalmam.

Como comentei anteriormente, encontrar meus propósitos através de ferramentas de *coaching* e aconselhamento me ajudou muito.

Qual sua motivação para comer ou parar de comer?

Alimentos como café pela manhã também ajudam a dar mais energia e produzir mais dopamina, auxiliando a sair do humor depressivo. Alguns tipos de chás ajudam a estimular (ingerir durante o dia) e outros a relaxar (ingerir à noite).

Se me perguntarem sobre minha motivação para comer, sou capaz de responder: "Precisa de motivação para isso?" Sou comilona, tenho prazer em comer. Meu caso é conseguir parar de comer, principalmente açúcar e carboidratos. Daí entra a medicação, já que nosso grande cérebro de *homo sapiens* gasta de 20 a 25% da energia que ingerimos e pede alimentação rica em proteínas e carboidratos. O meu, além de tudo, é hiperativo; então, imagine o caos. Sobre o açúcar, falaremos mais no próximo capítulo.

Algumas pessoas, quando desenvolvem depressão, deixam de se cuidar e perdem o apetite, emagrecem rapidamente devido à apatia e ao desânimo.

Qual sua motivação para ver pessoas?

Depressivos tendem a se isolar; a motivação para ver pessoas vai depender de algumas variáveis, tais como: tipo de temperamento, grau de depressão e outras.

No meu caso, não preciso de muita motivação para ver pessoas; meu temperamento é voltado para o relacionamento pessoal. Contudo, quando o grau de depressão está alto, quando estou em desequilíbrio forte, tendo a me isolar e o contato com pessoas me estressa mais, me agita.

Às pessoas de temperamento melancólico indico buscar ajuda em terapias e aconselhamento, pois não se incomodam em ficar sozinhas por longo período de tempo, o que faz parte de seu perfil, contudo é preciso cuidado para não adoecer.

Qual sua motivação para tomar banho?

Sim, para quem nunca teve depressão essa pergunta pode parecer bem estranha. Mas você se lembra da pirâmide de Maslow? Quando estamos com depressão sem tratamento, o autocuidado é prejudicado e tarefas consideradas básicas como higiene pessoal podem ser afetadas.

Depressivos em crise ou com alto grau da doença não têm vontade de se cuidar. Tomar banho pode parecer uma atividade normal para quem está bem, contudo para uma pessoa enferma custa um alto gasto de energia — energia que ela não tem nem para levantar da cama.

É preciso manter o autocuidado e a higiene pessoal, mesmo que não tenha forças ou energia suficiente: dê um pulo da cama ou de onde você estiver e se enfie debaixo do chuveiro!

RELACIONAMENTOS

Precisamos nos relacionar; essa é uma necessidade básica do ser humano. Não que alguém deva casar-se custe o que custar, mesmo porque maus relacionamentos são prejudiciais à saúde. Estudos comprovam que relacionamentos afetivos possuem impacto positivo no nosso cérebro, aumentando as chances de vivermos mais e melhor, sendo o isolamento uma grande fonte de estresse.

A simples sensação de que a pessoa amada existe, ou a presença da mesma, possui ação ansiolítica e calmante. A neurociência já estuda o assunto e acredita que o amor tranquiliza, sendo uma fonte de bem-estar.

Entretanto, relacionar-se com depressivos não é uma tarefa fácil, admito com muita sinceridade.

Algumas pessoas que participam de meus treinamentos ou fazem sessões comigo dizem: "Você é maravilhosa!"; alguns até chegam a verbalizar: "Queria que minha mulher fosse como você". Agradeço a consideração e o reconhecimento pelo meu trabalho, mas preciso ser franca e confessar que viver diariamente ao meu lado é algo intenso e poucas pessoas conseguem suportar. Perguntem a meu esposo como conviver com uma pessoa como eu. Sério, sou muito complicada. Por outro lado, qual ser humano não é?!

Augusto Cury (2015) escreveu o que eu sempre pensei, mas não conseguia explicar, organizar em palavras e, quando tentava, ficava tão confusa em meus pensamentos que quem me ouvia não entendia ou não aceitava: "Estabilidade psíquica plena não existe. Nós estamos em constante desequilíbrio psíquico. O equilíbrio psíquico é uma falácia da Psicologia, não tem base científica".

Ufa! Senti-me mais normal após ler isso.

Agradeço a autores realistas como esse! Vamos parar de fantasiar um "mundo da Disneylândia" e aceitar a vida como é, as pessoas como são e a nós mesmos.

Como disse Anthony Robbins no treinamento Date With Destiny (2017): "Você é seu herói, eu não sou seu herói". Estudamos muito para ajudar as pessoas, nos empenhamos bastante em transformar nossa vida e a vida de muitos, contudo somos seres humanos que possuem debilidades.

O maior investimento que fazemos na vida é amar alguém. Meu esposo e eu decidimos investir um no outro; sim, o amor é uma decisão. Antes de nos casarmos, tive duas crises de depressão na frente dele (em uma delas, confesso vergonhosamente que eu estava bêbada e falei coisas que nem lembro). Enfim, ele sabia que a tarefa não seria fácil, decidiu entre prós e contras que valeria a pena e encarou o desafio.

Sim, relacionar-se com um depressivo é um desafio contínuo.

Somos inconstantes e, dependendo do temperamento, podemos ser extremamente diferentes do rótulo que inventaram para pessoas depressivas.

Também aprendi a dizer o que me incomodava, fora de momentos de crise. Claro que precisei de muita terapia e envolver as pessoas que eu amava (mãe, esposo, etc.). A culpa não era deles, eu não sabia me expressar, não sabia dizer o que realmente sentia. Quando me conheci, entendi o que acontecia comigo, então pude ajudá-los a lidar comigo.

Eu podia dizer, por exemplo: "Mãe, não gosto que fale dessa maneira comigo, gritar comigo me faz mal, me sinto coagida e isso me agita; por favor, não faça isso." Ou então: "Meu amor, sei que você me ama e quer estar comigo, porém preciso que pare de me pressionar; isso me faz mal, faz com que me sinta triste e incompreendida."

Quando não entendemos o que está acontecendo dentro da gente, nós nos tornamos um estresse na vida do outro, transferimos para o outro nossas frustrações, descarregamos as frustrações em alguém que não tem culpa e que, muitas vezes, está ali só esperando o melhor de nós.

Estar consciente de suas emoções, saber colocar em palavras o que você sente, é um grande alívio. Reconhecer que não está se sentindo bem, que está irritado ou cansado é o primeiro passo para conseguir gerenciar seus pensamentos e comportamentos. Mesmo emoções que consideramos negativas existem para nos dizer algo; existe uma mensagem por trás daquela emoção que o seu cérebro está tentando lhe dizer. Pergunte-se:

- O que estou sentindo? (dê um nome). Qual emoção está ligada a isso?
- Por que estou me sentindo assim? (Encontre um motivo ou razão.)
- Como posso expressar o que sinto, sem descontar no outro a minha raiva (frustração, irritação, etc.)?
- Como posso sair disso e me sentir melhor? (Encontre uma solução.)

Quando é a outra pessoa que não está bem e você gostaria de fazer algo para ajudar ou melhorar o relacionamento, antes de aparecer com surpresas e se frustrar, retire as barreiras de proteção e abra seu coração para receber respostas sinceras, sem se sentir criticado ou culpado. Então, pergunte:

- Gostaria de dar nomes ao que você está sentindo?
- Existe algo que posso fazer para ajudar?
- O que podemos fazer juntos para você se sentir melhor?
- Você sabe que pode contar comigo para o que precisar. Estou aqui.

Oferecer carinho também é uma ótima maneira de ajudar alguém que não está em um bom momento, pois tem efeito tranquilizante (acariciar levemente a pele, fazer cafuné, massagear levemente, abraçar, segurar a mão etc.). Nosso cérebro tem um sistema que é especializado em detectar carícias e informar as regiões que trabalham o bem-estar e inibem respostas ao estresse, ao medo e ansiedade. A falta do contato humano faz mal para o cérebro. Mesmo se a pessoa estiver em um ambiente cheio de outras pessoas ao redor, onde as esteja vendo e ouvindo, se não tiver o contato físico ainda se sentirá sozinha.

Algumas vezes não temos energia para fazer algo como levantar, sair, preparar alimento, mas só de saber que o outro está pronto a entender, abraçar em vez de julgar, já é um grande alívio. Se houver um abraço real, o alívio será ainda maior.

Quando nossa mente não está bem, quando falta equilíbrio, muita coisa parece não fazer sentido. Compreendemos as pessoas, as frases, as intenções de maneira invertida e, às vezes, errônea. Se perceber que o outro está distorcendo a realidade com frequência, é preciso buscar ajuda de profissionais da área da saúde para que o relacionamento não adoeça.

O discernimento é abalado com a falta de equilíbrio. Minha maior conquista em autoconhecimento e aprendizado foi além de desenvolver a percepção de quando estou bem e quando não estou. Foi conseguir admitir isso para mim mesma e para as pessoas ao meu redor, para então identificar momentos de crise e buscar solução o mais rápido possível, sem prolongar esse processo por dias. Essa conquista foi essencial para manter meu relacionamento saudável, pois uma pessoa em desequilíbrio mental afeta todo o ambiente da casa, do trabalho, afeta qualquer um que fizer parte da vida dela.

EMPATIA

Segundo Daniel Goleman (1995), psicólogo PhD pela Universidade de Harvard e escritor de *Inteligência emocional*: A teoria revolucionária que redefine o que é ser inteligente, "a empatia é um ato de compreensão tão seguro quanto a apreensão do sentido das palavras contidas numa página impressa."

O indivíduo dotado de empatia consegue perceber a emoção e sentimento no outro, tem a habilidade de entender a perspectiva do outro. "Empatia é a capacidade que o cérebro tem de sentir, por imitação, aquilo que vê os outros sentindo." Suzana Herculano-Souzel (2007).

Como aceitar que uma pessoa entre em sua vida sem empatia, sem ser capaz de se colocar no seu lugar?

Através da empatia conseguimos nos colocar no lugar da outra pessoa que está vivendo uma situação complicada, como a depressão. Trata-se de um contágio emocional aprendido por meio das relações, algo que se inicia na infância, no olho a olho com a mãe.

Algumas pessoas precisam desenvolver mais essa dimensão emocional e cognitiva, outras a têm em excesso e precisam trabalhar a mente para não trazerem para si o sofrimento do outro. Eu mesma já fiz muito disso, e relato que é bastante complicado para pessoas empáticas manterem esse distanciamento da dor do próximo.

Se você é do tipo de pessoa que quer mudar o outro a qualquer custo ou acha que o outro deve suprir suas expectativas, por favor morra solteiro. Ou busque ajuda psicológica para que você não arruíne a sua vida e a do outro, que não tem nada a ver com seus traumas e pensamentos perturbadores. O maior problema da psicopatia é a incapacidade de sentir qualquer tipo de empatia, ou mesmo piedade.

Somos seres sociais; faz parte da nossa essência ter relacionamentos. No entanto, uma mente doente, sem tratamento, cria relacionamentos doentios, egoístas, gerando sofrimento aos que estão ao redor.

Quando consigo conectar-me com clientes em sessões pela empatia, sinto a dor deles, muitas vezes por já ter experimentado aquela dor ou ter passado por experiências parecidas. Às vezes, descrevo, coloco em palavras o que eles estão sentindo (nomeio as dores) e eles me olham espantados. Muitos dizem: "Você sabe o que é isso?" Outros dizem: "Como você conseguiu explicar?" Alguns, em um impulso, abraçam-me e choram nos meus ombros. Só podemos entender o outro se estivermos conscientes de nossas próprias emoções, logo, a dor e o autoconhecimento alimentam a empatia.

FEEDBACK

Promova um ambiente em que os outros possam lhe dizer o que pensam sobre seus comportamentos nos últimos dias. Alcance a habilidade de aceitar quando você estiver errado e busque mudanças nos seus comportamentos. Ninguém tem o poder de mudar o outro mas temos o poder de mudar a nós mesmos.

Saber os melhores momentos para dizer ao outro quando você está bem e quando não está faz a diferença. Elogios em público e críticas no privado, lembre-se! As críticas são bem-vindas quando acompanhadas de amor e humildade, jamais de desprezo, rancor e soberba.

Terapia em casal ou Aconselhamento de casal ajudam muito na questão de relacionamentos, para que possam entrosar-se com menos atritos.

Nossas palavras têm de ser para encorajamento, não julgamento. Leve a Palavra de Deus, boas notícias. O olhar de Deus é de amor e misericórdia, trabalhe isso em você também.

COBRANÇAS

Cobrar do outro algo que ele não tem para dar é como pedir para se frustrar. Se você exigir de alguém que ganha menos dinheiro que pague sua alta hipoteca, fará sentido? Essa pessoa não tem para lhe dar.

Cobranças geram ansiedade e estresse.

Cada pessoa tem um certo grau de tolerância para suportar níveis altos de estresse e ansiedade. Alguns logo explodem e mandam tudo para os ares, outros vão aguentando, "engolindo" e, quando percebem, já estão em um poço sem fundo chamado depressão.

É desumano e cruel cobrar uma pessoa em depressão que tenha atitudes de alguém sem a enfermidade. A pessoa precisa muito mais abraço, atenção e tratamentos do que de cobranças. Essas não a farão "mexer-se e fazer alguma coisa" ou "tomar alguma atitude" (que muitas vezes suprirá os desejos de quem está cobrando e não da própria pessoa que está sendo cobrada). As cobranças farão o depressivo se afundar cada vez mais na sensação de impotência e desmerecimento.

Em vez de cobrar atitudes diferentes, comportamentos diferentes, pegue na mão do outro e ofereça ajuda. Tracem planos juntos. Se preciso escrevam em um papel o que gostariam e o que não gostariam. Façam uma autorregulação semanal sobre como estão as emoções de cada um e, se necessário, busquem ajuda de profissionais.

Ninguém tem culpa de ser como é.
Irene Spina Borlenghi
(minha querida e sábia avó)

COMO AJUDAR SEM ENTRAR NESSA TAMBÉM?

Deus está muito além do que você pode ver, ele é a maior força que podemos ter ao nosso lado para nos ajudar. Orar e falar positivamente é uma ótima ajuda. Fazer companhia, não deixar o depressivo só também é importante desde que aquela profunda tristeza não afete a sua mente também.

É desafiador viver ou conviver com uma pessoa em depressão, muito mais se o paciente não aceita tratamentos. A constante postura de infelicidade pode gerar no outro frustrações, cansaço e até mesmo culpas por não conseguir "levantar" a quem ama.

Lembre-se, a depressão é uma doença que precisa de tratamento médico e/ou psicológico. Se o depressivo não está disposto a se tratar, quem o acompanha precisa cuidar de si mesmo e buscar alternativas para não entrar na mesma situação.

Começamos a questionar muitas coisas quando estamos em lutas e dificuldades, mas lembre-se da fé que Deus deu a Abraão e, nessa fé, o mesmo Deus o abençoará, ajudará e justificará. Se não for o Criador a ajudar-nos, não teremos forças para fazer o que precisa ser feito.

Levante a cabeça, permaneça firme em cuidar, de si mesmo, de sua casa, família e trabalho. Cada um é responsável pelo que escolhe. Escolha ser saudável mental, física e espiritualmente aceitando *feedbacks* de seus familiares ou das pessoas que convivem com você.

Não carregue culpas, tenha a mente sadia, guiada pelo Espírito Santo. O Criador ama sua essência, ele nos quer felizes e contentes.

Se existe alguém ao seu redor que está em depressão, doe seu amor, ore por ele(a), porém não carregue as suas dores. Cada um tem sua própria trajetória; você deve chorar com os que choram, porém não carregar a cruz alheia ou se deixar contaminar pelo que não faz parte da sua história.

Deus não nos quer ver frustrados e nos capacitou de muitas maneiras para nos ajudar; a ciência é uma prova disso. Encaminhe o paciente para um profissional da saúde capacitado a ajudá-lo.

Respeitar as crises

Para aceitarmos que temos alguma enfermidade, um fator importante é compreendê-la. Desse modo, podemos colaborar com quem convive conosco a fim de assimilar melhor a situação.

Quando percebo que estou tendo uma crise de depressão, consigo avisar: "Hoje não estou bem", "Não estou me sentindo bem". Se minha filha me vê em momentos de crise, logo aviso: "Isso vai passar meu amor, é só algo passageiro, deixa a mamãe (orar ou dormir ou chorar)". E depois que passa a crise, converso com essas pessoas, explico para minha filha o que aconteceu para que ela não fique perdida em pensamentos de culpa ou sem entender o que acontece com a própria mãe.

Claro que nem sempre foi assim, no início do meu relacionamento com o meu esposo, ele achava que era criancice ou que eu estava exagerando. Ao buscar autoconhecimento, estudar sobre minha enfermidade, buscar ajuda com bons terapeutas, consegui encontrar palavras para explicar o que sinto e então eles passaram a entender ou, pelo menos, respeitar esses momentos, sem criticar.

O conhecimento é realmente libertador. Além de muitas conquistas, passei a não sentir culpa por ter crises, sei que fazem parte dos altos e baixos que enfrento diariamente. O apoio durante as crises depressivas, ou pelo menos a ausência de críticas, fizeram diminuir meus pensamentos sobre morte, desmerecimento e me ajudaram a superar mais rápido esses momentos. Hoje, as crises duram pouco. Dependendo da intensidade, duram algumas horas ou, no máximo, um dia.

Lembro que na adolescência eu passava dias em crise, algumas vezes semanas. Quando me recordo disso penso: "Quantos momentos desperdiçados por falta de conhecimento". Mas já foi, não estou mais lá, o que posso fazer agora é continuar estudando e me aprofundando em autoconhecimento para que o futuro seja diferente.

Cuidado com a ira

O depressivo está tão perdido dentro de si que, quando alguém o confronta com ira, o faz cair em um abismo profundo. A raiva e a ira o machucam de tal maneira que podem provocar momentos de crises suicidas, ou de automutilamento (como mostrei minha experiência), ou ainda a busca por drogas, álcool, enfim, algo que pareça aliviar a dor daquele momento. Principalmente, quando a ira ou a raiva vem de pessoas que amamos.

Incrível como pessoas que amamos possuem o poder de nos machucar como nenhum outro, e esse poder somos *nós* que atribuímos a elas, inconscientemente.

Indivíduos que possuem dificuldade para gerenciar emoções como a raiva (e sentimentos ligados a ira, ódio, rancor) podem ter como ferramenta de ajuda a meditação (veja no próximo capítulo sobre *Mindfulness*).

Entender linguagens do amor

O amor é uma decisão: eu decido amar e esse amor só acaba se eu decidir que não quero mais, em vez de amadurecer com ele. Decidir honrar o outro, com suas decisões e emoções, é amar acima de nossos instintos sem olhar para o que irá nos custar.

Escuto frases como: "Minha mãe não me ama", "Meus filhos não gostam de mim", "Meu esposo não me ama". Uma das frases que busquei mentalizar é: "Não é porque alguém não te ama como você gostaria que esse alguém não te ama. Cada um dá de si mesmo o que tem para dar, cada um oferece o melhor de si, nem todos amam da mesma maneira". Esse texto me ajudou em crises de depressão nas quais me sentia sozinha e sem receber amor de quem eu gostaria.

O conhecimento sobre os Temperamentos nos ajuda a compreender melhor que cada temperamento tem uma linguagem de amor própria. As pessoas não foram feitas em série, portanto é necessário que compreendamos as características individuais e como as pessoas manifestam seus afetos de acordo com o seu temperamento.

Cada pessoa, segundo seu temperamento e outros fatores, tem uma linguagem de amor primária (a que mais utiliza). A linguagem de amor é a maneira como a pessoa expressa que ama o outro e como entende que é amada.

Existem 5 principais linguagens de amor:
- Toque físico.
- Tempo de qualidade.
- Atos de serviço.
- Presentes.
- Palavras de afirmação.

Todas as linguagens de amor são maneiras de demonstrarmos amor e de percebermos que somos amados. Mesmo que você não goste de toque físico pode se sentir muito amado com palavras positivas e encorajadoras (palavras de afirmação), ou ainda goste de demonstrar amor pelas pessoas dando algum tipo de presente (linguagem de presentes). Já se você é do tipo de pessoa que gosta de fazer algo para alguém para demonstrar que o ama, então sua linguagem deve ser atos de serviço.

O importante aqui, além de se conhecer, é conhecer o outro. Porque não adianta eu dar ao outro o que é bom para mim se ele não entenderá aquilo como um ato de amor.

Mesmo que pessoas me elogiem, e todos gostamos de reconhecimento, não fico tão impressionada ou não me sinto tão amada como nas ocasiões em que as pessoas estão comigo ou me dão um abraço, por exemplo.

A minha linguagem de amor primária é tempo de qualidade, isso quer dizer que gosto de dedicar tempo, com qualidade, para pessoas a quem quero doar o meu amor; portanto também entendo que sou muito amada quando a outra pessoa dedica tempo, com qualidade, para mim. Minha linguagem de amor secundária é o toque físico, então se alguém não pode me dar tempo de qualidade, mas me dá carinho e afeto, tocando-me fisicamente (dando abraço, beijo, fazendo cafuné, massagem etc.) eu também entendo que sou amada. Mesmo assim gostaria mais de que a pessoa ficasse comigo sem dar atenção a outras coisas ou pessoas.

Descubra qual a linguagem de amor das pessoas que vivem na mesma casa que você e explique-lhes qual a sua linguagem. Assim vocês poderão doar e receber amor de forma mais assertiva e isso ajuda muito no tratamento de depressão e outras enfermidades.

 **É possível um depressivo ter uma vida boa, amorosa e até romântica. A depressão não precisa incapacitar o sentimento de ninguém, desde que o enfermo e as pessoas ao seu redor se conscientizem do que realmente é a enfermidade, busquem ajuda e saibam conviver com os sintomas.**

PERGUNTAS PARA REFLEXÃO

- O que o motiva? (impulsiona, incentiva, encoraja, estimula) E o que você pode fazer, daqui para frente, para focar mais nisso?

- Como você pode desenvolver mais a empatia?

- O que você pode mudar em suas atitudes para cobrar menos das pessoas que ama?

- Você tem dificuldade em controlar a ira (raiva, furor)? Se sim, o que o impede de assumir sua debilidade e buscar ajuda?

- Já sabe qual é a sua linguagem de amor? Se sim, você fez a pessoa que convive com você saber e você sabe a linguagem da pessoa também? Se não, envie uma mensagem para a equipe Marta Lopes Group e vamos descobrir.

CAPÍTULO 6

TRATAMENTOS: AJUDANDO A SI MESMO!

Entenda seu cérebro, sua mente e seu corpo (química, pensamentos, emoções, sono)

O cérebro é um órgão valioso para o bem-estar. Conhecer os fatores que o colocam em risco é o primeiro passo para evitar problemas.
Suzana Herculano-Houzel (2007)

A depressão machuca. Não precisamos viver a sensação de vazio desesperadamente, podemos buscar mais qualidade de vida. Por mais que seja uma doença recorrente, com tendência a voltar, mesmo que o indivíduo fique bem por meses, existem muitas coisas que podemos fazer a respeito: tratamentos, cursos, leituras, exercícios, mudança de hábitos etc.

MEU VALOR   Depressão, eu te conheço.

O inconsciente possui uma força sobre nós, nossas atitudes, emoções, pensamentos que nós não podemos imaginar, não percebemos nem nos damos conta. Muitas vezes a sua força é tal que chega a nos dirigir, fugindo mesmo à razão. Nosso arquivo de memórias arquivadas é grandíssimo, mas no inconsciente não estão disponíveis. É preciso algo muito forte, uma emoção muito forte talvez, para que elas venham à tona de repente, mas uma vez nesse patamar mental, podemos ter comportamentos que fogem ao controle do consciente, da razão. Por esse motivo, às vezes, uma coisa que parece pequena para outra pessoa pode fazê-lo explodir e você ouve frases do tipo: "Que exagero!" Isso porque, na verdade, para você o ocorrido não era algo tão pequeno, nem insignificante. Aquilo ressuscitou no seu inconsciente algo doloroso, ou muito significativo (por ter talvez alguma semelhança), e você descarregou toda aquela emoção negativa, antes contida, sobre o outro.

A devida e constante estimulação cerebral pela instrução promove a criação de ambientes mais saudáveis para o indivíduo, produzindo um bem-estar construtivo e fortalecedor para o surgimento de novas abordagens e estratégias em busca da resolução de problemas.

Como já é conhecido, o aprendizado tem o poder de construir novas estruturas neuronais, novas conexões, possibilitando o desenvolvimento e a renovação cerebral. Portanto, cursos, leituras diversas, mas principalmente as técnicas, atividades estruturadas e direcionadas, que promovam experiências significativas contribuem muito para o bom funcionamento cerebral.

Desviar pensamentos para se distrair ou pensar em outras coisas é uma técnica que usamos frequentemente. Segundo o psiquiatra doutor Augusto Cury (2011): "Desviar pensamentos ou tentar se distrair para superar o estresse e os conflitos é a pérola das técnicas populares utilizadas pelo Eu. É a técnica mais usada por chineses, coreanos, russos, europeus e americanos." Eu, particularmente, concordo com Cury quando diz: "Mas ela tem baixo nível de eficiência. Infelizmente, milhões de pessoas que foram vítimas de 'bullying', sofreram perdas, traições e rejeições ou atravessam crises de depressão ou ansiedade tentaram usar essa técnica e falharam".

Segundo o autor, há diversas causas complexas que explicam a ineficiência dessa técnica. Eu tentei utilizá-la várias vezes; para algumas situações funcionou bem, mas para traumas não. Em palestras ou treinamentos de motivação, os profissionais nos fazem aplicar essa técnica várias vezes: "Mude o foco de seus pensamentos"; "Onde estiver o seu foco a energia fluirá".

Não discordo disso; em treinamentos e trabalhos com Anthony Robbins usamos essa técnica muitas vezes e no momento realmente funciona, contudo na depressão, dependendo do momento em que estamos, conseguimos realizá-la, mas logo em seguida, ou quando estivermos a sós, os pensamentos voltam. E se estivermos em crise, a capacidade de mudar o foco e não voltar para ele fica ainda menor.

Daí vejo claramente a ineficiência da técnica quando estamos doentes ou cheios de traumas a serem tratados.

Se essa técnica não surte efeito em longo prazo, então o que fazer?

 **A fórmula perfeita e ideal não é a mesma para cada um de nós, então vou mencionar alguns fatores que me ajudam e que vejo funcionar na vida de muitas pessoas. Contudo, saiba que é o conjunto dos fatores que traz resultado em longo prazo.**

ESPIRITUALIDADE

Desde pequena sinto que a necessidade de me doar, e o desejo de ajudar o próximo fumega dentro de mim, como se cada célula do meu corpo pedisse isso. Sou impulsionada por uma força e desejo que, muitas vezes, são incontroláveis.

Escutei diversas vezes de minha mãe, preocupada em me proteger: "Você parece que atrai gente problemática!"

Eu não entendia muito bem o que ela queria dizer com aquilo. Sabia que existia uma preocupação com meu bem-estar e segurança, mas não entendia bem. Hoje sou mãe e entendo que, na verdade, minha mãe queria me dizer : "Para de se meter em problemas".

Não eram as pessoas com quem eu me envolvia que eram problemáticas, era eu que gostava de me envolver com os problemas de todos ao meu redor para ajudá-los. Algumas vezes era bem-sucedida, outras não.

Meus pais não gostavam de saber que meu celular à noite ficava sempre configurado para no volume alto, para eu acordar caso alguém precisasse de mim (eu queria poder acordar e estar pronta para ajudar). Lembro quando uma amiga me ligou numa madrugada, a voz dela estava estranha e eu quase não entendia o que ela estava dizendo, até que me veio um instinto de chamar uma ambulância e mandar lá na casa dela.

Não foi fácil explicar para o atendente de emergência por que a ambulância deveria ir, pois eu não tinha certeza do que estava acontecendo. Graças a Deus eles foram! Chegando lá, o portão estava trancado e não conseguiam entrar. Eu ligava para minha amiga e ela não atendia, até que enfim atendeu e conseguiu aparecer para os paramédicos. Eles entraram e a levaram rapidamente para o hospital. Ela havia ingerido vários comprimidos propositalmente para tirar a própria vida e, graças a Deus, conseguiram fazer uma lavagem estomacal e salvar a vida dela a tempo. Procurei saber para onde a tinham levado e fui ao hospital vê-la. E só conseguia ver naqueles olhos castanhos a mensagem "obrigada por me ajudar!".

Não sei bem o porquê, mas já me aconteceu várias vezes de "estar lá" quando ninguém quis ou pôde. Alguns chamam de destino, a ciência diz que são características do meu temperamento, outros dizem que é Deus, minha mãe chamava de "ímã para problemas".

Hoje, após estudar muito e amadurecer um pouco mais, acredito que nasci para isso. Ajudar me satisfaz. Contribuir com o outro me completa. Eu sinto um enorme prazer em me doar, e é exatamente como está escrito:

Há maior felicidade em dar do que em receber.
Atos 20.35

Não digo que é fácil, é uma vida ligada à intuição, a fé, à vulnerabilidades, algumas vezes abrindo mão de meus próprios desejos e recursos, e tendo que contrariar as pessoas que mais amo (porque ninguém é obrigado a entender, nem apoiar o que não entende).

Aprendi que o esplendor de Cristo afasta os maus pensamentos. Conectar-nos com Deus e entender nossa essência é a chave para evoluir.

Muitas vezes no trajeto de uma doença, mais especificamente a da depressão, entra o desânimo e nos afastamos do Criador, quando então deixamos de desenvolver a espiritualidade.

Estudos têm mostrado os benefícios da espiritualidade para a saúde física e mental. Ela ajuda a prevenir uma série de doenças, como depressão e doenças cardiovasculares. A *Veja*, revista de grande circulação no Brasil, publicou em setembro de 2019: "[...] Pois agora a Sociedade Brasileira de Cardiologia (SBC), uma das entidades mais sérias do país, criou uma diretriz inédita sobre o assunto, recomendando que a espiritualidade seja abordada no atendimento aos pacientes." (PASSOS, 2019)

Pesquisas mostram que 86,7% dos brasileiros se denominam cristãos e que cerca de 80% da população mundial está ligada a uma religião ou acredita em algum sentido para a vida.

Constatar isso não é doutrinar ou recomendar ao leitor que tenha uma determinada prática religiosa, e sim entender que conflitos espirituais afetam nossa saúde e quando desenvolvemos a espiritualidade temos mais sentimentos de gratidão e perdão, que ajudam em tratamentos de saúde física e mental.

> *Precisei conquistar minha independência*
> *emocional em Deus, com Ele!*
> Jandyra Spina (2019)

Aprimore sua espiritualidade. A falta de sentido na vida leva o indivíduo à depressão, ideação suicida e abuso de substâncias, entre outros. Logo, ter um sentido existencial, entender a dimensão espiritual, transcender, encontrar seu propósito, contribuem para dias mais felizes. Ter um sentido (propósito) na vida contribui significantemente para a saúde mental.

A espiritualidade nos ajuda a viver cada dia sem nos preocuparmos com o amanhã e sem remoermos o passado. Pessoas com temperamento melancólico têm mais dificuldade nisso, porém é questão de exercitar-se e ter humildade para reconhecer quem você é e aceitar ajuda. Eu já aviso meu esposo e minha filha: "Se eu estiver começando a passar dos limites ou ficar insuportável para vocês, me avisem, conversem comigo".

Humildade! Para darmos importância ao outro sem nos sentirmos diminuídos, para sabermos ouvir quando estamos errados, precisamos respirar fundo, pedir perdão e buscar maneiras para melhorar. Cuidado, pois nós nos tornamos vilões daqueles que mais amamos, machucando, cobrando deles e descontando neles nossas frustrações.

AUTOCONHECIMENTO

Entender seu corpo

Conhecer nosso corpo, seu funcionamento, é essencial. Para fazer uma máquina funcionar bem, você precisa saber como manuseá-la da melhor forma possível, se não ela pode quebrar. Também é preciso fazer manutenção, para evitar problemas no funcionamento. Assim é o nosso corpo. Devemos aprender a conhecê-lo, aprender a ouvi-lo e respeitar seus limites.

Exames periódicos, de sangue por exemplo, podem parecer exagero, mas são extremamente úteis para avaliarmos se existe alguma deficiência, como por exemplo, anemia ou alterações hormonais que podem trazer desânimo, falta de energia.

Entender os horários, melhores e piores

A maior parte de pessoas com depressão sente-se pior logo na parte da manhã, comparado com o restante do dia. Os sintomas vêm e vão, às vezes recorrentes na mesma época do ano. Algumas pessoas se sentem mais deprimidas dependendo da estação. Por exemplo quem sofre com SAD (Transtorno Afetivo Sazonal) fica deprimido no inverno (sente-se exausto, dorme mais do que o costume e o apetite aumenta — a tristeza e a ansiedade dominam o humor nessa época) e se sente bem ou muito feliz no verão (o humor volta ao normal). Outras pessoas sentem o oposto das que tem SAD: ficam depressivas no verão e sentem-se bem no inverno. Não se sabe muito sobre *Summer Blues,* talvez a depressão nesses casos ocorra por causa da temperatura no cérebro.

A busca pelo autoconhecimento nos faz vencer muitos desafios; no caso de alguém que tenha depressão considero importantíssimo conhecer o funcionamento do cérebro e do corpo.

Ouso dizer que todos deveriam um dia ter a oportunidade de fazer aulas de anatomia, segurar um cérebro em suas mãos, analisar esse órgão tão poderoso, entender do que ele é feito, conhecer suas habilidades e ligações. Escrevo essas frases e fico rindo sozinha imaginando alguns conhecidos meus dentro de um laboratório fazendo isso (sim, não sou normal, ninguém é...)

Conhecer os tipos de temperamentos e suas influências, adquirir ferramentas da psicologia e gestão de pessoas com o *coaching* me ajudou a diminuir períodos de crises e a intensidade delas também.

> *E conhecereis a verdade, e a verdade vos libertará.*
> João 8.32, ARA

PROCESSOS DE COACHING

Reprogramação de crenças, conhecimento de valores, missão e propósito de vida.

O propósito da minha vida se tornou ajudar as pessoas. Porém, tenho consciência de que só Deus pode entrar no coração de alguém e para acessar o inconsciente do outro, deve-se fazer com permissão, amor e cautela, com técnicas apropriadas para ajudá-lo depois a resolver as questões que irão brotar.

Muitos cursos de autoajuda e *coaching* estão fazendo isso; mexem com as suas emoções, fazem você acessar seu inconsciente, mas depois... tchau! Se quiser mais ajuda, pague mais por isso. Isso não é ajuda, na minha opinião.

 *Cuidado:* assim como existem bons profissionais existem profissionais que não sabem bem o que estão fazendo. Sua mente é a máquina mais poderosa que você tem e terá em toda a sua vida. Não faça dela terreno para qualquer um entrar e mexer, seja cuidadoso.

O processo de *coaching*, quando bem aplicado por um profissional competente, traz bons resultados imediatos. É preciso saber que o participante (*coachee*) tem a responsabilidade de dar continuidade às técnicas aplicadas mesmo quando o treinamento acaba.

A questão aí depende não somente de motivação, mas também de saúde mental. A pessoa que está em plena saúde mental consegue mais mudanças duradouras, bem como persistir no processo, do que aqueles que sentem fadiga e desânimo por conta de enfermidade (como a depressão).

Reprogramar as crenças é muito interessante para quem tem depressão, pois o deprimido acredita nos pensamentos negativos a respeito de si, da vida e dos outros.

Entender quais valores direcionam sua vida também ajuda muito no tratamento; a partir daí o indivíduo começa a entender sua essência e por que toma decisões.

Deixar bem esclarecido qual sua missão nessa vida, qual o propósito de sua existência é uma virada de chave! Nós já sabemos, inconscientemente, quais são; porém precisamos tornar consciente para fazermos melhores escolhas e, nisso, o *coaching* bem aplicado, pode ajudar.

Fiz capacitação em *coaching* no Brasil, um curso de cinco dias que mexeu intensamente comigo, e uns dias após aquela semana ainda podia sentir a energia das intensas aulas de doze horas por dia. Duas semanas depois do curso, percebi que eu ainda não sabia nada sobre o ser humano e que as pessoas precisam de muito mais para serem ajudadas de verdade. Foi então que busquei uma universidade nos Estados Unidos para me dar mais conhecimento e ferramentas nessa área.

Ao longo dos três anos em que estudei o comportamento humano, percebi quão perigoso pode ser o tal "empoderamento" que cursos rápidos estão oferecendo aos participantes. Alguns *coachees* se aproximaram de mim vindo de outros *coaches*, pedindo-me ajuda porque desenvolveram depressão após o processo de *coaching*. Sentiam-se incapazes porque pagaram uma fortuna em um processo que, agora, não conseguiam mais acompanhar ou colocar na prática, e quanto mais tempo passava, mais tristes ficavam com eles mesmos, pois se achavam derrotados.

O *coaching* empurra muito a pessoa para realizar, correr atrás de seus objetivos e implantar novas diretrizes na vida. É bom para quem está saudável ou para quem está sendo acompanhado por um médico.

Logo, deixei de atender muitos clientes na época da formação de *coaching*, porque eu exigia uma carta de autorização do médico ou psicólogo do cliente, certificando que o paciente estava emocionalmente saudável/estável para embarcar no processo e também enviava aos doutores quais processos seriam feitos para que pudessem acompanhar.

DETOX MENTAL

Existem muitas informações sobre dietas; encontramos até em livros, sites e mídia social artigos sobre a importância de evitar amido, ingerir proteínas além do necessário, sobre a importância das vitaminas e assim por diante.

Experts no assunto explicam o quanto isso impacta o seu corpo físico e a estrutura das suas células. O que você comer hoje estará na sua corrente sanguínea por muitas horas e isso fará parte da composição do seu corpo.

Mas, existe uma coisa surpreendente, uma dieta infinitamente mais profunda e de longo efeito que é pouco conhecida e que fez da minha vida uma jornada mais leve: a dieta mental.

A qualidade do que você alimenta a sua mente é o que determina as características da sua vida. São os pensamentos que você se permite ter, os assuntos a que você permite que a sua mente se habitue, que fazem você e o seu ambiente serem o que vocês são.

*Se você mudar sua mente suas
condições deverão mudar também.*
Doutor Emmet Fox (2013)

O criador dessa dieta é o doutor Emmet Fox. Ele acredita que o pensamento é a real causa da força da vida; você não pode ter um tipo de mente e outro tipo de ambiente. Você pode escolher seu humor, sua disposição, seu ânimo e estado de espírito. Caso não consiga, você não terá controle sobre sua vida.

Sendo assim, nossa única chance é, *definitivamente*, adquirir um novo hábito de pensamentos.

Como identificar pensamentos negativos? Atente para as seguintes características:

- Falha
- Embaraço
- Insuficiência
- Perturbação
- Aborrecimento
- Desapontamento

- Sofrimento
- Fracasso
- Incapacidade
- Dificuldade
- Aflição
- Insucesso

- Desgosto
- Raiva
- Ódio
- Inveja
- Ciúmes
- Rancor

A dieta propõe um ajuste da mente para dedicar *uma semana* unicamente à tarefa de construir um novo hábito de pensamentos, e durante essa semana deixar tudo na vida tornar-se sem importância em comparação a isso.

Neste processo, aprendi a lidar com pensamentos negativos e ter um olhar mais otimista da vida, de mim e dos outros. Meus clientes dizem que é a melhor dieta que já fizeram e alguns conseguem melhor saúde física, mental e emocional com isso. Outros relatam que perceberam como algumas pessoas os jogavam para baixo com assuntos embaraçosos sobre outras pessoas, como fofocas.

 **Entenda seus limites, aceite-os e respeite-os. Faça também uma lista do que você gosta e do que você não gosta, respeite essa lista e evite conviver com quem não a respeite. Viva em um local que lhe traga mais bem-estar. Encontre o propósito da sua vida e aceite-o.**

Pensamentos **geram** *sentimentos* **que** **conduzem a** *ações* **para gerar** *resultados.*

MEDICAÇÃO

Medicações são usadas para tratar alguns casos de depressão, principalmente a Depressão Maior e Bipolar, ajudando muitas pessoas de forma rápida. Contudo, é preciso estar disposto a perseverar para encontrar a droga correta e a combinação de drogas às quais o organismo de cada um se adapta. Mais de 50% das pessoas depressivas dizem experimentar um resultado significativo quando começam o tratamento com medicações.

Para algumas pessoas só a psicoterapia pode ser um bom caminho, mas em casos que somente a psicoterapia não diminui os sintomas da doença, o psicoterapeuta ou um médico pode achar necessário o uso de medicações.

A maioria das pessoas que conheço não gosta da ideia de precisar tomar medicamentos, mesmo que isso as faça sentir-se melhor. Alguns acham que é sinal de fraqueza, outros têm medo de ficar dependentes, outros ainda estão ligados àquelas antigas crenças de que "quem precisa de remédio para cabeça é louco, eu não sou louco" ou ainda "meu filho não precisa disso, ele não é louco".

A manutenção das funções do nosso corpo depende de fatores químicos. O cérebro, o órgão mais potente no nosso corpo, não é diferente disso.

No meu ponto de vista, se existe alguma alternativa para que eu tenha uma vida melhor, com mais equilíbrio e bem-estar, mesmo que essa alternativa seja ingerir pílulas diariamente, então é minha obrigação como filha, mãe, esposa, serva de Deus, cidadã no mundo, fazer disso uma bênção.

Os remédios me dão a chance de viver uma vida normal, de maneira saudável. Vergonha seria viver a depressão com todos os seus sintomas esmagadores e crises infernais todos os dias da minha vida, e descontar nas pessoas que mais amo a infelicidade que esse desequilíbrio me dá sem as medicações que preciso.

A neurocientista Suzana Herculano-Houzel (2007) em seu livro *Fique de bem com seu cérebro*, explica: "É imenso o número de pessoas que podem se beneficiar de medicamentos para tratar alterações no equilíbrio químico cerebral. Por exemplo: em média 15% da população sofre de depressão em algum momento da vida". E continua: "Um remédio, como o próprio nome diz, é uma tentativa de remediar um problema — no caso, de saúde. Alguns problemas de hipertensão ou colesterol elevado, por exemplo, podem ser corrigidos com atividades físicas e alimentação correta, e alguns transtornos de ansiedade, com psicoterapia. Mas outros problemas de saúde só podem ser tratados ou corrigidos com medicações, pois não respondem de modo satisfatório a intervenções ambientais, nem sociais."

Aprendi que não são as medicações antidepressivas que vão me fazer feliz; eu as tenho como auxílio, pois como a própria Suzana diz, "esses remédios apenas restauram a sua capacidade de se fazer feliz".

É preciso um esforço diário em busca de atividades, alimentos e pessoas que me fazem sentir bem (como veremos mais adiante). Também aprendi que é preciso ter paciência quando se trata de medicações. A maioria dos antidepressivos pode demorar até duas semanas para começar a fazer efeito satisfatório e todos têm efeitos colaterais.

É legal conversar com o médico sobre tudo isso antes de começar a tomar os medicamentos e durante o tratamento também, cada pessoa se adapta de diferente forma a uma droga e o médico pode trocar o medicamento caso os efeitos colaterais estejam trazendo mal-estar duradouro.

TERAPIAS

Existem ótimos e competentes profissionais na área de Psicologia, Terapias alternativas e Aconselhamento. Basta ter vontade de ser ajudado e não abandonar o processo antes de finalizar.

Nem sempre o primeiro terapeuta é aquele com o qual nos identificamos; podemos buscar outros, somente preste atenção se aquele profissional o incomoda por estar no caminho certo (descobrir suas feridas, trazê-las para a realidade, sem fantasias) ou se realmente você não se identificou com a conduta e personalidade dele.

Carta à minha terapeuta (durante tratamento sem medicamentos):

"Doutora I.P.
- Percebo que, quando fico muito tempo sem medicação, barulhos agudos me irritam demais. Por exemplo, quando alguém abre uma embalagem, mastiga chiclete do meu lado, grita etc.
- Acordar com barulho também me irrita demais, me dá um enorme mau humor. Normalmente acordo irritada e de mau humor, mesmo se acordar sozinha, mas fico pior se eu for acordada. Isso me dá uma irritação muito grande, principalmente se eu for acordada com barulhinhos irritantes: embalagens de comida, mastigação, ou com claridade no meu rosto etc. Aliás, não tenho vontade de acordar.
- Sinto raiva quando as pessoas mastigam fazendo barulho. Quando isso acontece, eu tento me controlar, mas me dá um nervoso tão grande que tenho vontade de brigar. A medicação me tira essa raiva.
- Sinto uma irritação enorme com quem vive engasgando, mastigando de boca aberta, chupando comida, fazendo barulho com a língua e o ar depois que come, como se tivesse limpando os dentes. Acho nojento e me dá muita raiva.
- Essas são algumas irritações que eu tenho e me incomodam, não quero ter essas irritações, mas quando percebo já estou com tanta raiva que me dá vontade de xingar, de gritar. Às vezes saio de perto para que isso não aconteça, mas quando estou tomando remédio não sinto essas irritações.
- Só de alguém encostar a mão em mim, pode ser para dar "bom dia" ou fazer carinho, quando estou nessa irritação me dá raiva, uma sensação de "tira a mão de mim!".
- Preciso contar para a doutora a conversa que tive com minha família essa semana.
- Já gritei e briguei muito com a Duda por causa disso, às vezes em casa ou no avião. Quando tomo medicação isso diminui, às vezes some. Não quero ficar brigando com ela, ela não tem culpa.
- Começo a ler um livro, leio entre uma e duas páginas, e às vezes tenho que voltar para ler de novo porque já não lembro o que li. Demoro tanto para conseguir terminar um livro

que muitas vezes desisto de ler até o final, mesmo gostando muito do conteúdo, tenho muita dificuldade nisso.
- É irritante a maneira como não consigo responder rápido a uma pergunta.
- Não tenho vontade de ver as pessoas, mas muita vontade de comer doces.
- Sinto um peso nos meus olhos e no meu pescoço.
- Não tenho vontade de malhar, nem de ir à praia.
- Fico com muita raiva das pessoas com facilidade, engulo para evitar desgastes.
- Estou me controlando quando como junto com a Duda para não brigar com ela por causa do barulho que ela faz enquanto come. Ela não tem culpa, sinto que preciso de ajuda.
- Pensei muito após a última sessão e consegui identificar alguns comportamentos infantis que tenho e que preciso melhorar."

Psicoterapia é muito importante para ajudar qualquer pessoa, eu digo que todo mundo, sem exceção, deveria fazer terapia em alguma ocasião.

Os benefícios são muitos, vou apresentar os que acredito serem os principais para pessoas com depressão.
- Fortalece a autoestima — através de um trabalho dedicado à formação do amor-próprio ou cuidado consigo mesmo, que se desenvolve em três passos:
    1. tornar-se atento e consciente das próprias emoções, de sentimentos, sensações, necessidades corporais e psíquicas.
    2. relacionar-se respeitosa e amorosamente consigo mesmo.
    3. cuidar de si.
- Ajuda o paciente a lidar com: tristeza, angústia, estresse, ansiedade, luto, transições na vida pessoal ou profissional.
- Auxilia o indivíduo a gerenciar conflitos ou problemas nas relações interpessoais.
- Fornece ferramentas para mudarmos a forma como encaramos a realidade (já que a pessoa em depressão tende a distorcer a realidade com frequência).
- Sentimos que não estamos sós na luta contra a enfermidade; existe o apoio de alguém que entende o que está acontecendo em nossa mente e pode nos ajudar a ter uma vida melhor.

A psicoterapia quando somada ao *coaching* (e medicações, se necessário) é um caminho para a pessoa encontrar-se, para o autoconhecimento, novas aprendizagens e escolhas, entre várias possibilidades. Contudo, o primeiro passo deve ser a terapia, para a pessoa sair do poço escuro e começar a ver uma luz surgir. Então, o *coaching* pode vir para dar uma força, para a pessoa sair desse poço mais rapidamente. Faz sentido para você?

Entre as psicoterapias encontramos diversas abordagens teóricas que norteiam o trabalho do profissional, porém vou aqui citar as que me parecem muito adequadas para o tratamento da depressão.

Terapia Cognitiva Comportamental

A abordagem Cognitivo-Comportamental é uma abordagem terapêutica estruturada, mais direta, com metas claras e definidas pelo psicólogo e paciente, focada no momento presente e utilizada para tratar problemas emocionais diversos (transtornos psicológicos), como comportamentos disfuncionais, dificuldades com relacionamentos e aprendizagem de novas habilidades.

Essa terapia é um ótimo processo para ajudar em momentos de crise, nos ensina vários exercícios, como administrar pensamentos disfuncionais (que não ajudam) e trabalhar culpas, medos etc. Alguns terapeutas fazem dinâmicas em grupo que fortalecem nossa cognição, melhoram a nossa autoestima e autoconhecimento.

A Terapia Cognitiva foi desenvolvida por Aaron T. Beck, na Universidade da Pensilvânia, USA, no início da década de 1960, como uma psicoterapia breve, estruturada, orientada ao presente, à depressão, direcionada a resolver problemas e a modificar os pensamentos e os comportamentos disfuncionais (BECK, 1997).

É importante, pois auxilia o indivíduo a gerir melhor as emoções e encontrar maneiras mais eficazes para lidar com as dificuldades e angústias do cotidiano.

Uma das técnicas que gosto muito nesse processo é a de Solução de Problemas. Consiste em ensinar ao paciente maneiras adequadas de enfrentar situações da vida real, ajudando-o a aprender como manejar e adaptar procedimentos e estratégias aprendidos na terapia, por meio de modelagem de habilidades.

Situações são simuladas durante as sessões. A técnica pode ser aplicada no tratamento da depressão, em terapia de casal, transtorno de conduta, hiperatividade e déficit de atenção.

ACONSELHAMENTO CRISTÃO

Quando percebi que somente o *coaching* não era suficiente para ajudar algumas pessoas como elas precisavam e como eu gostaria, busquei a faculdade de Aconselhamento Cristão.

E foi estudando *Arts in Christian Counseling* [Artes em Aconselhamento Cristão] que me aprofundei na área de temperamentos humanos. Uma nova forma de ver as pessoas estava sendo descoberta, mais do que isso, comecei a me descobrir verdadeiramente.

Consegui quebrar muitas crenças e tabus na minha vida, com confiança e segurança. Desenvolvi ainda mais a espiritualidade e acredito que me aproximei do meu propósito, sendo mais coerente e persistente.

Recebemos constantemente em consultório pessoas com conflitos envolvendo a falta de fé, questões doutrinárias, crescimento espiritual, sentimentos de culpa, falta de perdão e orações, contudo o conselheiro cristão também auxilia pessoas com problemas matrimoniais, conflitos interpessoais, crises, dramas do cotidiano e depressão.

Faz parte do processo ajudar o aconselhado a identificar padrões de pensamentos que estão gerando comportamentos negativos, orientar quanto a decisões difíceis, ensinar a movimentar recursos internos em momentos de crises, aperfeiçoar o modo de viver e os métodos de relacionamento interpessoal. As metas dependem da necessidade do aconselhado e os procedimentos são variados, com diferentes abordagens, e cada conselheiro constrói seu próprio estilo de aconselhamento.

É um processo maravilhoso! Mergulha-nos na gratidão, uma poderosa arma contra dias de crise. Também ajuda a trabalhar a procrastinação, a entender e aplicar limites: até onde agradar os outros, saber dizer "não" sem culpa.

O conselheiro cristão deve desenvolver sua espiritualidade constantemente e esperar que o Espírito Santo opere através da sua personalidade, capacitando-o para ajudar o outro de maneira competente.

É um caminho de conexão espiritual e descobrimento de nossa maior força interior, um lindo caminho para transcender.

Sou apaixonada pelo que faço e meus clientes se tornam soldados do mesmo batalhão espiritual (risos).

TEMPERAMENTOS

Na faculdade de Processos de *coaching* cursei uma disciplina chamada "Temperamentos", ministrada pelo doutor Danilo Polanco, doutor em Psicologia Clínica Cristã, mestre em Teologia e agrônomo formado na República Dominicana. Durante esse curso, descobri o quanto o temperamento influencia a nossa vida , quantos tipos de temperamento existem e quais são as áreas em que eles exercem influência.

O estudo dos temperamentos vem desde a Grécia antiga. Hipócrates (460-370 a.C.), considerado o pai da medicina, identificou quatro principais fluidos no corpo humano e, segundo ele, o fluido predominante seria o responsável pelo humor do indivíduo (que nasce com aquele temperamento devido às combinações genéticas).

Os quatro fluidos de humor e os respectivos temperamentos seriam:

- O sangue (caloroso), temperamento sanguíneo/extrovertido.
- A bílis negra (úmido), temperamento melancólico/analítico.
- A bílis amarela (seco), temperamento colérico/dominante.
- E a fleuma (frio e espesso), temperamento fleumático/paciente.

Os temperamentos apresentados no Aconselhamento Cristão incluem mais um, o quinto temperamento: Supina/submisso, segundo o doutor Polanco (2012).

Sanguíneo, Melancólico, Colérico, Fleumático e Supina. Cada um possui características bem definidas, mas não vou abordá-los detalhadamente para não me estender, exceto o temperamento sanguíneo, do qual sou uma representante, mas ainda assim essa abordagem será superficial, apenas a título de exemplificação.

Em uma entrevista a mim concedida em 2020 por ocasião da minha pós-graduação, o doutor Polanco afirmou:"Tudo o que a pessoa pensa gera sentimentos, mas nem tudo o que a pessoa pensa é verdade. De modo que é realidade para você o que você sente, mas numa realidade geral, isso pode não ser. Você está sentindo o que sente, baseado no que pensou".

Para ele, o humor individual depende da interpretação da realidade que cada um faz. "Baseado nisso, a qualidade do humor do indivíduo vai flutuar segundo a sua capacidade de pensamento. Tanto que, cada vez que qualquer pessoa, de qualquer temperamento, se envolve em pensamentos negativos, a espiral do humor abaixa e reage de duas formas: com depressão, falta de ânimo; ou com ansiedade, raiva, e desejo de ir para frente".

O doutor Polanco (2017) apresenta em sua obra, *Os cinco temperamentos,* as três principais áreas de necessidade do ser humano: o afeto, o controle e a inclusão, sendo esta compreendida não no entendimento atual da palavra, já até banalizado, mas como a parte interna dos temperamentos, a psicológica. Ele afirma também que é raro uma pessoa ter um temperamento puro (o mesmo em todas as áreas de necessidade). As pessoas apresentam traços temperamentais menores, porém sempre haverá um ou dois temperamentos prevalentes em cada área de expressão. Na grande maioria das vezes, as pessoas têm temperamentos "combinados" entre si, ou seja, uma pessoa pode ser sanguínea no afeto e melancólica no controle, por exemplo.

Polanco (2017) descreve os temperamentos como traços genéticos que levam ao desenvolvimento de sensações e percepções do que é a pessoa no mundo que a rodeia e influencia o modo como ela reage em relação às pessoas, aos acontecimentos, lugares e coisas. É fator determinante para ela na percepção de si própria e dos outros.

Por incrível que pareça, o meu temperamento é sanguíneo em todas as áreas de necessidade humana. Sanguíneos requerem *muito* amor e afeto, vivem com a sensação de não serem amados, ou seja, é desafiador para quem se relaciona com eles. Os sanguíneos são motivados pelo amor e pela misericórdia; esse sentimento é sua energia maior, por isso têm dificuldade em dizer "não". Eles manifestam grande necessidade de se socializar e de ter relacionamentos pessoais, por isso voltam-se mais para o universo exterior do que para o interior.

Segundo a descrição dada pelo doutor Polanco, uma das características do indivíduo sanguíneo é que, ao decidir algo, os sentimentos predominam sobre a razão, os pensamentos e as e reflexões. Ele expressa muito bem sentimentos como bondade, confiança e fé.

Doa-se ao outro; os interesses e propósitos dos demais se sobrepõem aos seus planos pessoais. Tende a lidar com as adversidades da vida sem lhes dar muita importância, sem a seriedade com que outras pessoas o fazem. Concentra-se no hoje e vive um dia de cada vez, sem medo do fracasso. É otimista, alegre e agradável, fala alto e sorri muito. Pensa ao mesmo tempo que fala. Erra, mas pede perdão com facilidade e esquece-se de ofensas recebidas também. Sente uma necessidade muito grande de ajudar as pessoas.

Assim, procuro dar às pessoas o que tenho de melhor: amor. E cada um dá o que tem de melhor também.

Eu sei que cada processo tem seu valor, tudo é aprendizado e o caminho para amadurecermos é doloroso ainda que gratificante. Mas mesmo após anos em terapia eu continuava com uma questão sem ser resolvida. Fui *coachee* e também faltava entender isso, então fiz cursos para ser *coach* e mesmo assim faltavam muitas questões a entender. Eu costumava me entristecer, ofender, ficava incomodada porque percebia que nem todos possuíam o que eu tenho dentro de mim: amor.

Não foi nas salas de terapias, nem em processo de *coaching*, que encontrei respostas para sanar esse sofrimento que me corroía ("sou muito tonta, só me complico").

Encontrei respostas quando estudei profundamente sobre temperamentos e me dediquei a compreender melhor essa área para ajudar as pessoas a cessar suas frustrações também. Entender as características de cada temperamento, suas áreas de atuação e como isso afeta nossos pensamentos, sentimentos e atitudes, foi um despertar significativo para mim e para minha família (esposo, filha e pais).

Vamos nos fortalecer! **Saber quem você é, por que e como você age ou reage, o fortalece e alivia a cobrança interna do "grilo falante" (costumo chamar assim os pensamentos que latejam em nossa cabeça, nos cobrando e nos desviando de nossas metas).**

MINDFULNESS

Meditar é um caminho para apaziguar a mente.

A prática de *Mindfulness* pode ser usada como manutenção de terapias para pacientes deprimidos em remissão. Auxilia no desenvolvimento de habilidades para identificar situações internas e externas que trazem o risco de ativar novos episódios de depressão.

É comprovado que a meditação aumenta a dopamina no corpo e contribui para motivação, foco e concentração.

O que muitas vezes concentra o cérebro na mesma proporção que a meditação são as tarefas comuns como costurar, desenhar, fotografar, cozinhar e limpar a casa. Essas ações estimulam a produção de dopamina e ajudam a afastar a depressão.

Ricard (2018), doutor em Genética Celular e membro ativo do Mind and Life Institute (organização sem fins lucrativos, registrada nos Estados Unidos)[1] afirma que é possível reprogramar o cérebro através da meditação ou da terapia cognitivo-comportamental, a fim de prolongar os estados mentais positivos. Isso resultaria em mudanças comportamentais e temperamentais, sem dúvida. Para ele, abordagens terapêuticas que se baseiam na ruminação de pensamentos, vasculhando o passado para tentar resolver um problema, ou tentar libertar uma pessoa do efeito aflitivo que lhe traz esses pensamentos, não são as mais adequadas, uma vez que, segundo ele, a ruminação é um caminho para a depressão.

Ele diz que "das terapias ocidentais, a terapia cognitivo-comportamental oferece diversos métodos para tratar com precisão uma emoção que desestabiliza a pessoa em determinada situação.

Para Ricard, um dos objetivos das terapias cognitivas é fazer com que os pacientes tomem consciência das construções mentais e dos exageros irrealistas sobre eventos e situações, bem como reduzir a importância que as pessoas dão a seus próprios desejos e objetivos em detrimento dos outros. Ele lembra que pessoas psicóticas intensificam o foco em si mesmas, priorizando exclusivamente suas próprias necessidades e desejos.

Assim, sendo o ser humano uma mistura de qualidades e defeitos, o autor propõe a meditação como forma de alcançar a

---

1 O Mind and Life Institute [Instituto Mente e Vida] foi fundado em 1987, com o objetivo de facilitar o diálogo interdisciplinar da ciência ocidental com as ciências humanas e as tradições contemplativas.

mudança interior necessária para a superação das fraquezas e das emoções, como a ansiedade e à raiva, pois tais sentimentos e emoções levam ao sofrimento e à aflição, embora algumas pessoas considerem isso como característica de sua personalidade que as torna "únicas".

Pessoalmente, tenho dificuldade em ficar muito tempo meditando por causa da hiperatividade, contudo se coloco uma música ou se estou em contato com a natureza sinto que desenvolvo melhor essa prática.

Não gosto de usar a palavra "cura" para a depressão; alguns podem me chamar de pessimista ou ainda ignorante, mas o que me leva a chegar a essa conclusão são as experiências que vivi, os exemplos que tive e os casos que acompanho. Alguns distúrbios não têm cura, apenas tratamento para o resto da vida; o meu, a depressão, é um deles.

"Cada caso é um caso", sim. Existem pessoas que fazem tratamentos com terapias e ficam muito bem. Então de repente acontece algum evento traumático e ela aparece novamente. Alguns fazem tratamento com medicações por um período curto de tempo e terminam o tratamento super bem, de volta a sua vida normal. Existem casos que depois de muitos anos a depressão volta por alguma alteração química ou hormonal e a pessoa precisa se tratar novamente.

No meu caso, minhas primas, tias, tios e avós foram meus grandes ajudadores na infância. Durante a adolescência a espiritualidade que fui desenvolvendo foi meu grande apoio; já na vida adulta precisei da soma de todos esses fatores mais a terapia. Por fim, após o parto, a medicação foi primordial. Desde então passo pelo que eu chamo de "picos". Há momentos em que estou bem com uma medicação, e outros em que só aquela droga não ajuda e preciso combinar outra, mas em todos os momentos, em qualquer "pico" que eu esteja, preciso estar espiritualmente bem conectada com Deus e com a natureza.

Outro fator que me faz muito bem é estar com crianças. Sim, esses pequenos seres que ainda não desenvolveram máscaras e filtros, que são sinceros e espontâneos, que conseguem tirar de mim um sorriso sincero num dia de lágrimas escondidas, têm a capacidade de iluminar o ambiente e me contagiar com a pureza que demonstram suas experiências. Também foi com crianças que perdi a vergonha de falar outros idiomas, pois elas são as melhores professoras: não julgam, e ajudam nem que tenham de fazer mímica para você entender (risos).

É fato que a depressão é uma enfermidade que requer tratamento, contudo, mesmo que a pessoa se submeta aos tratamentos indicados por um médico, também pode fazer muito para sentir-se melhor fazendo algumas mudanças no dia a dia, as quais podem acelerar a recuperação.

ATIVIDADE FÍSICA

De qual você gosta? De qual você não gosta?

Faça essas perguntas a si mesmo antes de pensar em exercitar-se.

É importante sabermos a atividade física que realmente nos agrada para permanecermos motivados a continuar, ao sair da cama ou, mesmo cansados do trabalho, trocar de roupa e realizar. A atividade física tem de ser intensa e ser uma fonte de prazer para beneficiar o cérebro.

Além de retardar o envelhecimento e contribuir para uma vida mais saudável, e tudo mais que vemos diariamente na mídia e nos posts do pessoal "sarado", praticar exercícios físicos promove o crescimento de novos receptores nas células cerebrais.

Mesmo para aqueles que nem eu, que não se importam muito com a aparência física e não se iludem com corpos malhados, precisamos ter uma atividade física, se não diária, pelo menos três vezes na semana. E não adianta "torcer o bico", estamos falando de saúde mental acima de tudo.

Claro que, quando você começar a emagrecer ou ganhar mais massa muscular, ou ficar mais "durinho", a motivação por um visual legal vai ser ótima para você não desistir. Mas, seu principal objetivo deve ser estar saudável, estar em forma será a consequência muito bem-vinda.

Durante a atividade física, nosso cérebro ativa áreas associadas ao aprendizado, memória e planejamento. Aumenta a liberação de neurotransmissores conhecidos como "químicas da felicidade": dopamina, serotonina e noradrenalina, fazendo diminuir a sensação de estresse, ansiedade e combatendo a depressão.

Não vou colocar aqui todos os benefícios para saúde daqueles que praticam atividades físicas; a maioria de nós já sabe e mesmo assim não nos mexemos. Vou apontar algumas consequências *negativas* para quem se *recusa* a se exercitar:

- Terá capacidade pulmonar diminuída (em tempos de Covid-19 isso pode ser bem ruim).
- Aumento da probabilidade de doenças cardiovasculares, hipertensão, diabetes, câncer e derrames.
- Aumento da atrofia muscular, danos musculares e estruturais.
- Redução de desejo sexual.
- Insônia ou problemas com o sono.
- Nível de energia reduzido.
- Perda financeira potencial devido a custos de saúde.
- Sentimentos de falta de atratividade, física e emocionalmente
- Um estilo de vida sedentário pode encurtar a expectativa de vida.

Agora, você se lembra das características de pessoas com depressão? E dos fatores que podem levar um indivíduo a desenvolvê-la?

As consequências citadas acima podem gerar depressão e algumas delas já fazem parte da vida de quem foi acometido por ela, inclusive para quem foi infectado pelo Covid-19. Pesquisadores informam que o vírus também inflama nosso cérebro (depressão é uma doença inflamatória).

Alguns estudos sugerem que o tempo de uso de tecnologias reduz o tempo de atividade física. Então largue as telas, levante-se do sofá e faça alguma coisa, nem que seja por apenas vinte ou trinta minutos!

É preciso suar. E aí, vamos malhar?

 **Aqui fica um alerta: se falta energia para começar, dê um pulo e simplesmente comece; se a situação está tão angustiante que você mal consegue ficar em pé, quanto mais dar esse pulo, então: *busque ajuda agora!!!* A culpa não é sua e você não precisa viver assim; existe uma vida linda e de alegria lhe esperando, só basta aceitar ser ajudado.**

ALIMENTAÇÃO

Não é preciso apelar para drogas, álcool ou jogos. Existem maneiras saudáveis para aumentar a dopamina no corpo. Sabendo que ela é composta pelo aminoácido tirosina, que vem da fenilalanina, é possível estabelecer uma dieta rica em tirosina.

Alguns exemplos de alimentos que podem auxiliar na produção de dopamina:

- Banana
- Maçã
- Amêndoa
- Abacate
- Cacau
- Peixe
- Mel
- Beterraba
- Café
- Vegetais de folhas verdes
- Feijão
- Farinha de aveia
- Vegetais marinhos
- Gergelim
- Sementes de abóbora
- Melancia
- Iogurte natural
- *Kefir*
- Produtos de origem animal

Alimentos conhecidos como "Superalimentos" ou *Super Food* combatem a depressão e podem ajudar grandemente a melhorar o seu humor. Alguns, como folhas verdes, abacates, beterrabas, iogurte, bananas e feijão, já foram citados acima, mas outros são:

- *Grãos:* lentilhas, grão de bico (ricos em vitamina B, que tem efeito calmante, e são estimulantes de dopamina); quinoa: rica em proteína, antioxidante e reduz as chances da sensação de irritabilidade, efeito antidepressão).
- *Frutas e vegetais amarelos, laranjas e vermelhos:* papaia, pimentão vermelho (melhoram o humor, energizam o corpo, reparam as células danificadas pelo estresse).
- *Salsão/Aipo:* efeito calmante para os nervos (ajuda no crescimento e desenvolvimento das células nervosas).
- *Salmão:* estudo comprovou que pessoas que consomem salmão e outras fontes de ômega-3 apresentam alívio nos sintomas de depressão.
- *Blueberries:* alguns estudos mostram que essas frutinhas ajudam a prevenir o mau humor e outros comprovam que a ingestão delas reduz os fatores genéticos e bioquímicos que estão por trás da depressão.
- *Gengibre:* reduz ansiedade e ajuda nos níveis de serotonina, seus 14 componentes únicos melhoram a função cognitiva e protegem o cérebro dos danos causados pelo estresse.
- *Alho: estudos mostraram atividade antidepressiva significativa.*
- *Azeite de oliva:* contém polifenóis, que são ligados ao aprendizado e à memória e combatem as proteínas tóxicas do cérebro.

Você conhece o seu corpo melhor que qualquer um. Se colocar atenção em como se sente após as refeições, você conseguirá escolher melhor o que comer e o que não comer.

Quando como menos alimentos industrializados tenho mais energia, o que me ajuda no tratamento da depressão.

A ingestão de bastante água me ajuda muito mais do que copos de café. Também gosto de um cafezinho, mas quando passa o efeito da cafeína parece que minha cabeça pesa 50kg.

O tão falado açúcar é uma tentação na minha vida. Às vezes faço um *detox* de açúcar para dar uma limpada no corpo, contudo minhas recaídas são frequentes. Dependendo da medicação que estou utilizando, seu efeito me ajuda a não sentir tanta vontade de consumir doces. O exercício físico também me ajuda a diminuir o consumo.

O açúcar geralmente está ligado ao aumento de dopamina no corpo, ele estimula a liberação desse neurotransmissor, mas essa elevação é apenas temporária, no momento da ingestão. De fato induz resposta na região do cérebro conhecida como "centro de recompensa" (as mesmas respostas que a nicotina, cocaína, heroína e álcool induzem).

No livro *Açúcar: culpado ou inocente?* de Gary Taubes (2018), o autor descreve toda a trajetória do açúcar, desde quando foi colocado para consumo e suas razões. Alguns trechos me ajudaram a despertar quanto a esse tema, sou grata a uma querida prima e excelente nutricionista pela indicação. O autor afirma:

> *Quanto mais usamos essas substâncias, menos dopamina produzimos naturalmente no cérebro, e quanto mais acostumadas as células do nosso cérebro se tornam à dopamina que é produzida — o número de "receptores de dopamina" declina. Este resultado é um fenômeno conhecido como dessensibilização: precisamos mais da droga para conseguir a mesma resposta prazerosa, ao passo que prazeres naturais, tais como sexo e alimentar-se, nos agradam menos e menos.*

PERGUNTAS PARA REFLEXÃO

- Quais dessas dicas fizeram mais sentido para você?

- O que você ainda não buscou, desenvolveu, aplicou, em sua vida que você já vai buscar?

- Você sabe qual(is) é(são) seu(s) temperamento(s)? Se sim, você tem buscado viver mais suas habilidades do que suas debilidades? Se não, vamos descobrir juntos? Mande uma mensagem para a equipe Marta Lopes Group.

CAPÍTULO 7

ACEITAÇÃO E ESCOLHAS

Nossas escolhas podem mudar nossa vida, parte fazemos consciente e parte inconscientemente, não importa as explicações que damos para elas, mas importa irmos atrás do que é o melhor para nossa saúde.

O primeiro passo para evoluir como pessoa é ter humildade e aceitar quando precisa de ajuda e buscá-la. Escolha um momento para um desabafo sincero com algum familiar ou amigo em quem você confia muito. É preciso demonstrar um ato de amor por si mesmo, admitindo que uma doença está sugando sua energia, não deixando você fazer o que normalmente gostaria.

A depressão é uma enfermidade difícil que não será tratada do dia para a noite. Recuperar-se dela precisa ser uma meta, e ter a certeza de que essa meta será alcançada precisa ser a escolha.

Quando aceitei que minha doença tem fator genético me libertei de uma busca incessante por um bem-estar que parecia impossível ser alcançado. Uma tarde, em uma consulta médica em que minha mãe me acompanhava, a doutora perguntou:

— Como anda sua vontade de ingerir bebidas alcoólicas ou comer doce?

Antes mesmo que eu respondesse, minha mãe disparou:

— Nada bem! Ela tem vontade de ir a uma doceria ou sorveteria e ainda levar um monte de doces para casa.

Naquele momento eu fiquei surpresa. Porque a resposta que estava entalada na minha garganta era:

— Bem! Tranquila.

Mais uma ficha caiu naquele momento: "Estou comendo tanto doce assim?

Gary Taubes (2018), após pesquisas, escreveu que "a depressão provou que as pessoas queriam doces e que, assim que conseguiam algum dinheiro, o compravam" e que "a maioria de nós jamais saberá se sofremos o mais sutil sintoma de abstinência de açúcar, pois nunca nos privamos por tempo suficiente para descobrir". Tratamos sobre esse tema na parte de alimentação.

Eu estava numa fase sem medicamentos, honestamente estava até orgulhosa de mim, achando que nem precisava mais daquelas drogas, porque eu era muito nova para ficar tomando aquilo e pensava: "Deus me livre ficar dependente de medicamentos". Estava "me achando" (podem rir, até eu dou risada quando lembro).

Rapidamente comecei a fazer uma retrospectiva dos últimos dias em minha mente para lembrar qual dia daquela semana eu não tinha "bebido" ou consumido açúcar. Enquanto minha cabeça virava de um lado para o outro, olhando para minha mãe e para a doutora, eu, com cara de tonta, procurava uma resposta para aliviar a minha culpa. A doutora olhou firmemente nos meus olhos, com a autoridade de uma profissional muito competente cuja dedicação na vida foi estudar o ser humano, e a indignação de estar com mais um na sua frente que não aceitava ter algum tipo de doença a ser tratada e disse:

— Marta, de uma vez por todas aceite sua doença. Seu pai é depressivo, você tem dois irmãos depressivos, eu a conheço há anos e estamos sempre buscando o melhor tratamento para a sua depressão. Chega de criancice. Aceite e pronto.

Daí ela fez uma comparação, talvez pareça ilógica para alguns, que me fez entender por que eu precisava daqueles medicamentos:

— Imagine um diabético; o organismo dele não produz mais a insulina que precisa para um bom funcionamento do seu organismo. Ele não terá qualidade de vida se não jogar em seu sistema a insulina que precisa para viver e manter um equilíbrio químico. Assim é a sua depressão. O seu cérebro não produz a química que você precisa para ter sensação de bem-estar, você está em desequilíbrio. Você precisa ingerir a química que seu corpo não está produzindo para ter equilíbrio.

Pronto. Fiz minha escolha. Passei a olhar os remédios como aliados ao invés de inimigos. Aceitei que, por mais perfeito que meu cérebro seja, em razão de uma carga genética recebida, ele precisa de ajuda de fora para produzir sensação de bem-estar.

Aceitar quem somos faz toda a diferença. Aceitar nossa história, não depender da aceitação de outros, nos liberta.

Acontece que existe ainda um outro tipo de aceitação: quando alguém que amamos ou que conhecemos não quer se tratar.

Imaginemos que naquela consulta, em vez de eu aceitar que preciso de ajuda externa para ter uma melhor qualidade de vida, eu simplesmente dissesse não. "Não quero tomar remédios e vou viver sem eles mesmo que isso não ajude meu cérebro a produzir químicas para que eu me sinta bem. Prefiro continuar ingerindo bebidas alcoólicas para ter prazer por algumas horas e comendo doce para sentir prazer, mesmo que me engorde".

Parece uma escolha não muito inteligente para uns, porém muitos de nós fazemos isso. Nossas escolhas têm suas consequências. A minha foi conviver com os efeitos colaterais dos medicamentos e fazer exames e consultas periódicas para estar mais equilibrada emocionalmente, não prejudicando meu casamento, a educação da minha filha e meus relacionamentos (ou prejudicando o menos possível). Considerei uma questão que muitas vezes deixamos de pensar: "Qual dor você está disposto a enfrentar? Pelo que realmente você acha que vale a pena lutar?"

Conheci pessoas incrivelmente amorosas cujas escolhas, confesso, admirei mesmo não sendo como a minha.

 Estamos o tempo todo fazendo escolhas; nossas escolhas moldam o nosso futuro. Aceitar ajuda é ter humildade perante aqueles que o amam ou que você ama. Aceitar quem não quer ajuda é respeitar a escolha do outro, mesmo que você não concorde. Afinal, cada um carrega dentro de si suas histórias e trajetórias e não pode estar em nós o ato de julgar.

PERDÃO

Que o perdão é libertador, já sabemos. É uma escolha e o processo nem sempre é fácil. Muitos acham que perdoar é demonstrar fraqueza, mas estão enganados. Perdão encaixa em tudo o que trabalhamos até agora.

O que é o perdão?
- Algumas pessoas dizem ser um estilo de vida. Para mim é uma prática que devemos acoplar ao nosso estilo de vida.
- *Perdoar é jogar fora o lixo que o outro deixou em você.*
- Perdoar não é concordar com o erro do outro, não é aceitar a injustiça ou a maldade. Perdoar é ver, ouvir, sentir: eu não concordo, para mim é injusto, só que eu não quero ter mágoas do outro, quero viver em paz.
- Por isso chamo o perdão de interesse pessoal! *Você precisa perdoar por você,* pela sua vida, pela sua saúde.
- Se você perdoar, você terá mais paz, suas emoções estarão equilibradas.
- Não há relacionamentos saudáveis sem perdão.
- Nossa energia muda se nos encontramos em um estado de perdão ou de mágoa.

Ciência: a falta de perdão pode virar uma doença real. Doenças psicossomáticas como pânico, depressão, ansiedade, câncer, cardio-vasculares estão relacionadas à falta de perdão.

Espiritual: o perdão é o remédio que traz alívio para a alma. Se desejamos ser perdoados, por que não queremos perdoar?

Amor-próprio: perdoar é um ato de amor-próprio. Quem se ama e se valoriza não carrega lixo dentro de si. A falta de perdão mata projetos, sonhos e famílias.

> *Sejam bondosos [...] perdoando-se mutuamente,*
> *assim como Deus os perdoou em Cristo.*
> Efésios 4.32

Algumas dicas de como começar:
- Desconstruir o "não consigo" ou "não estou pronto".
- Sair da razão, do ego inflado. Lembre-se de que você também erra!
- Pare de se concentrar na ofensa, no que aconteceu, pare de remoer. Concentre-se no que Deus fez e faz por você! Remoer aumenta o cortisol, prolongando o estresse.
- Com o tempo você verá que perdoar foi a melhor decisão que tomou na sua vida!
- Deixe a inflexibilidade de lado, isso é tolice.
- Ore! Humilhe-se na presença de Deus e peça primeiro perdão por você! Depois, por essa pessoa!

O perdão deve ser um exercício diário. Não existe uma única maneira ou um caminho a ser traçado para o perdão. Cada pessoa funciona à sua maneira. Dispor-se a perdoar é o primeiro passo. Quase todos os dias tem alguém cutucando alguma ferida, pisando onde dói; é preciso estarmos sempre dispostos e preparados.

Quando você diz "eu te perdoo" aqui na Terra, Deus lhe diz lá nos céus: "Eu também o perdoo".

E quem não precisa do perdão de Deus diariamente?

É preciso existir uma sinceridade nossa perante Deus, sem perdoar isso não é possível.

Quando você consegue se perdoar e estender o perdão aos outros, você tira um grande peso da sua vida. O perdão é um processo de cura de emoções e enfermidades. Juntamente com a gratidão, compõe os dois maiores poderes que possuímos. Portanto, perdoemo-nos! Só temos a ganhar com isso.

Em outubro de 2017, iniciei um processo que considero a chave para o perdão. Por esse processo aprendi que perdoar não é andar de mãos dadas com quem me ofendeu. Posso perdoar alguém e não querer mais essa pessoa no meu convívio. Também aprendi que posso e devo expor o que me incomoda, com amor e verdade; isso não é rebeldia nem falta de perdão.

Passei a olhar o perdão com novos olhos. Eu achava que perdoar era "engolir" o que me faziam sem reclamar, ou suportar a convivência com pessoas que me faziam mal, profundo mal emocional.

Comecei perdoando quem eu mais precisava perdoar: eu mesma.

Depois meu inconsciente foi mostrando pessoas, situações, que eu precisava perdoar, dos quais ainda guardava mágoas.

É incrível como meditar, nas quatro frases propostas pelo método, pode ser tão impactante.

Foi dolorido abrir algumas caixinhas de traumas, vergonhas, culpas, medos, porém confesso que foi extraordinário. A compaixão pelos demais, a paz em me perdoar, o perdão liberado e o alívio de arrancar mágoas do meu coração, foram benefícios adquiridos por esse simples processo.

Afirmei e meditei meses naquelas frases e, aos poucos, fui liberando as pessoas e conquistando mais paz interior, diminuindo a ansiedade e os pensamentos negativos.

Um exemplo chocante foi quando chegou a vez de perdoar meu pai. Gosto de contar esse exemplo nos treinamentos que ministro. Levei uma semana me dedicando somente a isso e, no final do processo, expeli uma lombriga grande no vaso sanitário. Foi assustador.

 Diga a si mesma: Eu te amo. Eu te agradeço. Eu sinto muito. Eu te perdoo.

AMIZADES

Agora chegou a hora mais difícil para pessoas como eu: a hora de "passar a peneira". Deixar no convívio somente aqueles que nos fazem bem, que não trazem más lembranças ou influências negativas. A companhia, a certeza de que não estamos sós, é uma necessidade para seres sociais como nós. Para sanguíneos, que nem eu, essa necessidade se transforma numa carência constante.

Sanguíneos dão e precisam de muito amor, isso faz com que pessoas mais dominantes abusem da nossa falta de habilidade em dizer "não" e da nossa necessidade afetiva. Essa carência afetiva nos torna presas fáceis; evitamos ao máximo o sentimento de solidão e pude observar que existe uma tendência maior em desenvolvermos depressão, transtorno de ansiedade e algumas outras doenças, embora não seja comprovado cientificamente.

Precisei identificar pessoas que sugavam minha energia a fim de me afastar delas. Claro que a maioria faz sem perceber, é inconsciente, não as culpo nem tenho mágoa ou rancor. Consigo amar cada uma delas sinceramente, contudo precisei me afastar (pela minha saúde mental).

Não dá para simplesmente parar de falar ou ver as pessoas, mesmo porque não precisa ser assim, podemos agir com amor e respeito, sem ferir o outro. Pedi a Deus a habilidade de discernir quem realmente me faz bem e quem não, quais assuntos posso admitir dentro da minha casa e quais devo bloquear para não me fazer mal.

Amplie sua mente, veja com os olhos espirituais quem realmente deve fazer parte de suas amizades. Ouça sua intuição. Um relacionamento saudável tem a confiança e reciprocidade como base.

Amigos reais e relacionamentos de verdade respeitam os limites estabelecidos por você. Abusadores, manipuladores, narcisistas, psicopatas, não. Estes se comportam como sanguessugas e destroem nossa saúde mental.

Seja mais criterioso com as pessoas que você deixa entrar no seu barco, ninguém precisa de um "Jonas", não é mesmo? Cultive o que é bom, relacionamentos que lhe proporcionam saúde e bem-estar. Algumas pessoas só querem tirar de nós o que podemos oferecer, outros querem nos convencer do que não somos... Cuidado! Deus o conhece, sabe o seu valor. Fomos chamados para vencer, ande com gente que torce por você (nem sempre é quem dá tapinhas nas suas costas).

DOAÇÃO / FILANTROPIA / ALTRUÍSMO

Todo indivíduo adulto e amadurecido dedica parte do seu tempo e trabalho para os outros, para auxiliar ou por filantropia.

O tempo é a coisa mais nossa que temos. Quando eu dedico o meu tempo a alguém, doei a coisa que mais me pertence a alguém. É a verdadeira generosidade.

Talentos, capacidades, habilidades, acabam beneficiando o outro nesse pacote.

Segundo a Neurociência, a decisão de ajudar ativa o sistema de recompensas e de apego no nosso cérebro. Isso explica como, por inúmeras vezes, quando eu não tinha forças para levantar da cama, era só chegar a mensagem de que alguém precisava de ajuda ou estava passando fome e, com um impulso, eu pulava da cama em um segundo, tomava um banho e saía correndo para ajudar. Quando voltava para casa eu sentia uma alegria enorme. As pessoas agradeciam por terem sido ajudadas, mas não faziam ideia do quanto também haviam me ajudado.

A doação saudável é aquela que fazemos por amor, gratidão e generosidade e não por culpa. Conseguimos escolher melhor onde colocar e doar nossa energia, nosso tempo e dinheiro, se conseguirmos agir sem sermos movidos pelo sentimento de culpa. Às vezes damos esmolas achando que estamos ajudando o outro, porém, na verdade, podemos estar fazendo por sentimento de culpa e isso não é saudável para quem doa nem para quem recebe.

Sobre receber, ainda temos de aprender, temos dificuldade em receber por sermos movidos pelo orgulho neurótico.

Aquele que não sabe receber e nem pedir ajuda (acha que tem que resolver tudo sozinho ou não aceita favores dos outros) é imaturo. Receber é mais difícil, pois quando doamos temos a sensação de estarmos por cima, está sobrando algo, temos com abundância.

A pessoa amadurecida ajuda o próximo sem esperar receber gratidão em troca, e quando recebe algo em troca de sua ajuda não se envaidece. Caso necessite pedir, o faz com humildade. Também não existe um ranço do tipo: "Pedi para o para fulano e ele não me atendeu".

Aquele que gasta energia excessivamente em favor dos outros normalmente é movido por sentimentos de culpa, prejudicando-se ou deixando de ter benefícios que poderia ter. Gasta uma energia incrível em favor do outro e não existe ganho próprio nesse tipo de comportamento.

Não importa quão egoísta se possa imaginar o homem, existe evidentemente alguns princípios em sua natureza que o fazem interessar-se pelo bem-estar dos outros, e que fazem a felicidade dos outros ser necessária para ele, mesmo que ele não ganhe nada com isto, exceto o prazer de ver a felicidade alheia.
Adam Smith (1759), Fundador da Economia Moderna.

 **Seja generoso e dedique um tempo para doar-se. Faça isso pelo outro, pela sociedade e por sua saúde mental. Também reconheça onde você pode receber isso ou aquilo, não faça a contabilidade do quanto você recebeu e precisa devolver ou agradecer por ter recebido. A dificuldade maior não é colaborar e nem dar, é o receber.**

GRATIDÃO

Assim como o perdão, a gratidão também é uma decisão para um novo estilo de vida. Quando você decide ser mais grato, focar mais no que tem do que no que falta, agradecer mesmo sem ainda ter recebido, a força de Deus se move de forma diferente ao seu redor.

Se há uma coisa que deve aborrecer profundamente a Deus é a ingratidão, a falta de reconhecimento do que ele faz por nós a todo instante.

Pessoas pessimistas, que vivem reclamando e conseguem achar um problema para cada solução, exercem uma influência negativa e oprimem quem se aproxima ou do ambiente em que está.

A gratidão, junto com o amor e a doação, são simples passos para acabar com o sofrimento.

Nossa verdadeira identidade está em nossa essência e isso é muito mais do que qualquer coisa que fizemos ou poderíamos fazer. Ela está ligada a: apreciar, aproveitar, aprender, crescer, amar, doar e agradecer.

Vontades que não vão embora podem ser entendidas como hábitos; troque a vontade de falar mal de alguém, de criticar, amaldiçoar, por perdoar, agradecer e ajudar. Nosso cérebro tem circuitos bem estabelecidos para a formação de hábitos a partir da repetição de padrões de ação que levam a resultados positivos dentro do esperado

— e isso pode ser modulado em animais também submetendo-os a um treinamento repetido em que um determinado comportamento leva a uma resposta recompensadora específica.

Uma maneira de desfazer maus hábitos é introduzir estímulos competitivos, que vão gerar comportamentos alternativos e mais relevantes. Só conseguimos mudar um hábito se dermos ao nosso cérebro estímulos com intensa força ou intensidade de comportamento, então ele vai começar a gerar outros pensamentos e organizar novos comportamentos. Assim, quando falar bem de alguém sorria, grite, cante, abra os braços, abrace a pessoa, faça seu cérebro entender que aquilo é marcante e bom, por exemplo.

No final do livro você pode recortar um exercício que vai ajudá-lo a desenvolver mais gratidão.

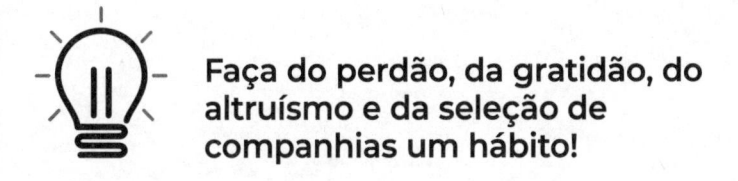

Faça do perdão, da gratidão, do altruísmo e da seleção de companhias um hábito!

PERGUNTAS PARA REFLEXÃO

- O que você tem aceitado que o está adoecendo?

- O que você insiste em não aceitar e que ajudaria sua jornada se você aceitasse?

- Como você pode viver um estado de perdão permanente?

- Quanto você tem desenvolvido o altruísmo?

- O que o impede de ser mais grato e reclamar menos?

CAPÍTULO 8

SUPERAÇÃO, QUAL É A SUA?

Superar e ser resiliente é ter a capacidade de se recuperar de situações complicadas e seguir em frente. É saber que chegamos ao caos e agora precisamos de caminhos diferentes para sair daquela situação. Para superar algo, precisamos reestruturar nossos recursos psicológicos e viver uma nova circunstância e suprir nossas necessidades.

O tempo todo estamos superando a nós mesmos, meus exemplos de superação são inúmeros e continuam crescendo a cada dia. Mudar de cidade ou de país é um bom exemplo de situação que requer muita resiliência, assim como vencer traumas, conviver com pessoas que o machucam, aprender a lidar com pessoas hostis, sobreviver a uma tentativa de suicídio também.

Para pessoas resilientes, que estão dispostas a crescer, amadurecer e se desenvolver, não existe um mundo ou vida duros o bastante que não possam ser superados, o que existe são momentos de dificuldades.

Quanto mais saudável estiver o nosso cérebro, mais capacidade teremos em ser resilientes e superar as dificuldades propostas pela vida. Quanto mais deprimidos, menor a capacidade para ver soluções boas, estar de bom humor e se sobrepor às adversidades (vai faltar energia, positividade, vontade e postura).

Você está pronto para começar buscar respostas?
Está pronto para se conhecer e amar quem você realmente é?
Vem comigo! Quero ver você corajoso!!!
Nada pode machucá-lo mais do que continuar na queda livre dentro desse poço escuro e angustiante.
Comece a falar com coragem o que realmente acha.
Chega de segurar a língua e deixar os demônios soprarem em seus ouvidos durante a noite toda. Deixe as palavras fluírem, quebre o silêncio sobre o que está incomodando.
Seja verdadeiro com você mesmo.
Como agradar a Deus se vestimos máscaras?
Sejamos nós mesmos dentro de casa, na escola, na igreja, no trabalho. Sejamos nós mesmos com toda a vontade de ser o mais real e sincero possível. Só dessa maneira vamos conseguir nos amar, fazer os outros nos respeitarem e agradar a Deus como ele quer.
Deus o conhece, o ama e aceita como você é. Então por que viver colocando maquiagens para disfarçar para o espelho, para o seu chefe, para a igreja, ou ainda para o meio social que você frequenta, quem você realmente é?
Dessa maneira você está mentindo, enganando a si próprio e aos outros.
A Deus nunca enganaremos. Ele sim sabe o que tem por trás das máscaras e maquiagens.
Suas cicatrizes fazem parte de quem você é, elas fazem parte da sua história, você é lindo assim. Não só cicatrizes na pele, aparentes, mas as emocionais. Aquelas que doeram um dia e agora não passam de aprendizados.
Abaixo listo vários aspectos que me ajudaram a superar os piores momentos que já vivi e ainda os uso para continuar na guerra (essa lista vai aumentando periodicamente, conforme o desafio superado, da batalha vencida). Descobri os benefícios depois de mergulhar em autoconhecimento, terapias, livros de médicos e neurocientistas, pesquisas, estudos, leitura da Bíblia etc.
Lógico que é a lista da Marta e você é um ser humano dotado de outras características de personalidade, temperamento, com outros valores e variáveis, então não é a minha lista que lhe trará

benefícios, são as ideias que compartilho para norteá-lo. Você pode, e deve, fazer sua própria lista.

- Beber mais água (mínimo 2 litros por dia).
- Tomar sol e estar em contato com a natureza.
- Comer sem culpa.
- Tomar os remédios que preciso sem culpa e sem preocupações, abençoando o tratamento e agradecendo a Deus por ter acesso aos medicamentos.
- Conseguir dizer "não" sem sentir culpa.
- Perdoar o tempo todo (mesmo que no exato momento seja difícil, fazer o exercício continuamente até conseguir perdoar).
- Não guardar mágoas (o passado está lá atrás, não vivo mais nele), contudo aprendo com as experiências e evito alguns lugares ou pessoas para não me machucar mais.
- Saber impor meus desejos sinceros.
- Conseguir colocar em palavras o que sinto e o que penso (ditas ou escritas).
- Encontrar um esporte ou atividade que me faz querer voltar no outro dia ou na outra semana para continuar me exercitando.
- Listar o que eu realmente gosto e o que não gosto (olhar essa lista regularmente e procurar viver fazendo o que gosto e achar soluções para o que não gosto; também mostrar para o meu esposo e minha família, para que eles saibam).
- Aceitar quem eu sou! Com meus defeitos e qualidades. Ter a humildade de saber que não sou melhor do que os outros e nem pior também; aceitar não quer dizer que não preciso trabalhar minhas debilidades.
- Aceitar que não vou agradar a todas as pessoas, e entender que nem preciso.
- Conectar meus pensamentos com Deus.
- Orar até sentir Deus! Ele já me ouve o tempo todo, não adianta ficar ajoelhada esperando ele me ouvir, sou EU quem preciso ouvi-lo.
- Entender e aceitar quando estou bem para receber alguém em casa ou ir a uma festa ou não, e respeitar isso sem sentir culpa e nem precisar das desculpas esfarrapadas.

- Dar-me o direito de descansar ou assistir a um filme com minha filha, ou tomar um banho de banheira por horas ou dormir o quanto eu gostaria, pelo menos uma vez na semana.
- Admirar e elogiar as outras pessoas sem inveja nem demagogia (por exemplo as que considero bonitas mais do eu, sem me jogar para baixo por isso, por não ser igual ou sem sentir remorso por não ter a mesma força para malhar, ou por não ter o mesmo foco para guardar dinheiro etc.).
- Acima de tudo ser grata. Sempre, que possível, fazer uma lista mental de aspectos e coisas sobre as quais sou grata por ter, viver, conhecer, usufruir etc.
- Prestar atenção em como estou orando: agradecer mais e pedir menos, e quando é necessário pedir muito, fazê-lo com muita humildade, reconhecendo minha pequenez.

Faça uma lista do que lhe faz bem, do que normalmente o motiva, te faz querer viver, lutar. O que faz sentido para mim pode não fazer para você, contudo busque na sua essência descobrir que você gosta e o que realmente faz você se sentir bem. No final do livro há um exercício que pode ajudá-lo a montar essa lista: "O que me faz bem?"

RECAÍDAS

Recaídas e recorrência são de alta frequência; sentimentos e sensações corporais que fazem parte do processo depressivo são prontamente ativados por leves alterações negativas de humor, podendo dar início a novos episódios depressivos.

Precisamos reconhecer sinais de alerta, embora pareçam mínimos, e aprender a responder de forma diferente a eles. Assim podemos prevenir que um lapso venha a se tornar uma recaída.

PERGUNTAS PARA REFLEXÃO

- Qual sua maior superação? Se puder compartilhar comigo, ficarei muito grata: contact@martalopesgroup.com

- Quantas vezes já se criticou por ter recaídas (voltar a ser, pensar ou fazer algo que já havia superado)? Agora você pode se perdoar?

CAPÍTULO 9

COMO TER EQUILÍBRIO MENTAL E SER FELIZ

Existe Equilíbrio Mental?

Jesus é mundialmente conhecido e reconhecido como o maior líder que a humanidade já teve. As religiões que acreditam nele como o Filho de Deus, a minha é uma delas, ensinam que devemos agir como ele, que devemos buscar nele o exemplo para nossas atitudes.

Agir como Jesus é um exercício diário, constante e requer disciplina. Agora, já experimentou reagir como ele?

É... talvez se houver uns segundos para você pensar e a mulher não estiver na TPM (tensão pré-menstrual) pode ser que saia parecido. Caso contrário, meu amigo, a nossa reação animal em busca da sobrevivência, nossos traumas armazenados e não tratados, vão falar mais alto e assim que algum infeliz fechar seu dedo na porta do carro você vai gritar, ou xingar, ou os dois. Ou talvez o faça quando aquela "pessoa espaçosa" no metrô, cheirando a suor "ardido" pisar na unha encravada do seu dedão, aquela que estava quase cicatrizando e agora abriu de novo, voltou a sangrar e vai latejar a noite inteira.

Não tenho nada contra pessoas que suam muito, sempre procurei tratá-las bem. Também não critico mulher na TPM, a minha é fortíssima. A questão é que somos seres humanos, carne, sangue, hormônios, sentidos, animais, ora cruéis, ora generosos. Por quê? Porque estamos em constante desequilíbrio. Ouso dizer que não somente psíquico, mas espiritual.

A definição de normalidade varia muito, cada pessoa ou grupo tem suas próprias definições baseadas em suas crenças, valores etc. Se normalidade estiver diretamente ligada a equilíbrio constante, então eu não me considero uma pessoa normal e também não o considero uma pessoa normal. Para mim, somos todos seres longe de sermos "normais", somos o que somos, um monte de moléculas e químicas que oscilam de diversas maneiras, somadas a um monte de processos eletromagnéticos. E, dando vida a tudo isso, existe uma alma que sequer pertence a este mundo de moléculas, mas que almeja voltar para casa.

O que podemos e devemos buscar é a saúde mental, que é diferente de equilíbrio mental. Estamos em constante desequilíbrio e está tudo bem.

Então, o que é saúde mental? Segundo Jahoda (1958), saúde mental é:

- Autopercepção eficiente.
- Autoestima e autoconceituação realista.
- Controle sobre o comportamento.
- Percepção realista do mundo.
- Nutrir relacionamentos.
- Autodeterminação e produtividade.

De acordo com a Organização Mundial de Saúde, não existe uma definição oficial para o conceito de saúde mental. Mas, considera-se que há uma relação intrínseca entre o modo como a pessoa reage mediante às exigências, aos desafios e às mudanças da vida, com o gerenciamento de suas emoções e ideias.

Como lidamos com essas emoções é
o que determina como está
a qualidade da nossa saúde mental.
Einstein Saúde Mental

Há quem considere que saúde mental é um estado de bem-estar no qual os indivíduos podem trabalhar e contribuir produtivamente para a sua comunidade, sabendo lidar com os desafios que surgem ao longo da vida de forma adequada, enfim... que as pessoas possam usufruir de suas capacidades físicas, intelectuais e sociais.

Podemos ver que essas tentativas de definição estão bastante impregnadas da questão "produtividade", pois logicamente numa sociedade cuja economia gira em torno dos meios de produção e do capital, é bem difícil imaginar um indivíduo "saudável mentalmente" sem produzir, sem trabalhar, sem conseguir se sustentar enquanto membro dela. Portanto, o indivíduo mentalmente "enfermo" pode ser visto como improdutivo, ou como aquele que não produz o suficiente para se manter na sociedade. Isso nos ajuda a compreender de onde provêm os preconceitos que circundam tais estados físicos (doenças psiquiátricas), bem como compreender a luta que se trava subjacente à vida desses seres humanos.

SER FELIZ

Sim, somos felizes porque lutamos.

Não importa a tribulação que estamos enfrentando neste exato momento, se pararmos para agradecer e reparar que ainda existem coisas boas em nossa vida, vamos parar de *querer ser* felizes e perceber que já *somos*.

A ilusória busca pela felicidade tem trazido ainda mais infelicidade para a vida de muitas pessoas e pode resultar em dias deprimentes.

Quando falamos sobre crise, em capítulos atrás, deu para perceber que o sofrimento por si só não é de todo ruim porque gera desenvolvimento, inspira mudanças.

A rejeição é um fator destrutivo para a sensação de felicidade. Dói quando nos sentimos rejeitados por quem somos, quando o grupo em que vivemos não aceita nossa maneira de ser. Contudo devemos trocar a lente de como vemos o mundo e a nós mesmos, o que é possível através da espiritualidade e do autoconhecimento (como vimos) e, então, perceber que o Único perfeito não nos rejeitou e está disposto a nos ajudar a melhorar dia após dia na jornada; isso torna-se um conforto muito grande.

Ser feliz não depende do outro; ser feliz é uma escolha que fazemos desde a hora que despertamos pela manhã em cada dia. Ou você escolhe ser feliz, apesar de suas dificuldades ou do dia nebuloso, ou escolhe a infelicidade na expectativa de que possa fazer sol, e que sem isso não terá como ser feliz como você idealizou.

Quanto mais idealizarmos a felicidade e quanto mais regras enganosas alimentarmos sobre o que é ser feliz de verdade, menos felizes nós seremos.

Acorde! Não é a pessoa com quem você convive que o faz infeliz, são as normas que você criou em sua mente que lhe trazem essa sensação de infelicidade.

Aceite que as pessoas são como são e está tudo bem. Cada um tem uma história na qual você não esteve lá. É imaturo e injusto esperar que sua felicidade venha de fora para dentro.

Quanto mais regras você tiver sobre como as
pessoas devem ser, como a vida tem de ser
para você ser feliz, menos feliz você será.
Anthony Robbins

O que explica o bem-estar?

- 50 a 70% fatores genéticos/temperamento.
- 20 a 40% atividades, condições de vida.
- 10% eventos da vida.

Pessoas com temperamento melancólico são mais pessimistas por natureza. Possuem dificuldade para ver o lado positivo na vida, em si mesmas e nos outros. Exercícios diários serão necessários para ajudar a moldar essa debilidade do temperamento.

Alguns fatores genéticos podem trazer carga de sofrimento, doenças e outros, afetando a visão do indivíduo sobre o que é bem-estar.

Repare que os eventos que acontecem na sua vida determinam somente 10% da sua percepção e sensação de bem-estar. Ou seja, a felicidade está muito mais ligada à maneira como você interpreta eventos do que aos eventos em si.

Por exemplo, um evento pode ser interpretado por um indivíduo de temperamento colérico como um desafio a ser vencido e estimular comportamentos na busca para vencê-lo; ele irá avançar. Por outro lado, o mesmo evento pode simplesmente desanimar o indivíduo de temperamento melancólico, que se sentirá incapacitado, vencido e irá recuar.

Sanguíneos são extremamente otimistas, conseguem passar a sensação de felicidade e injetar alegria nos grupos; são boas amizades para se ter em dias nublados. Ouvir músicas agitadas, estar com pessoas de que gosto, correr, dançar, pular ou orar me faz muito bem quando quero aumentar minha energia e ter mais sensação de bem-estar.

Algumas pesquisas mostram que há fatores que contribuem mais para uma pessoa se sentir feliz ou não:

- Condição de vida e influências situacionais.
- Idade (idosos experimentam mais satisfação com sua vida, a maturidade ajuda muito).
- Sexo, gênero, etnia — foi encontrado baixo nível de felicidade nas minorias étnicas, de baixa renda, com pouco acesso à educação — Argyle (1999) — enquanto mulheres relatam maiores experiências de felicidade e mais emoções positivas do que os homens — Fujita, Diener & Sandvik (1991).
- Violência, segurança.
- Satisfação das necessidades.

Ou seja, dá para ser feliz?! Você já é, e daí que não o tempo todo?! Pare de querer isso o tempo todo porque essa busca incessante só aumenta a sua frustração e ansiedade. Aceite que existem momentos de tristeza e viva-os com dignidade. Isso passa. Assim como momentos alegres também passam. E vamos em frente.

Atualmente muitos cursos de autoajuda, *coaching* ou superação estampam uma farsa de que é possível se sentir pleno e satisfeito com a vida, fazendo as pessoas buscarem uma plenitude baseada numa ilusão de felicidade derradeira a se alcançar.

Para mudarmos a qualidade de nossa vida devemos mudar a qualidade dos nossos pensamentos. A ciência comprova que pensamentos geram emoções, que geram comportamentos.

Sendo assim, alimentando pensamentos felizes geramos emoções que produzem afeto prazeroso (alegria, exaltação, orgulho, afeição, felicidade).

Tu conservarás em paz aquele cuja mente está firme em ti; porque ele confia em ti.
Isaías 26.3, ACF

Conheço "ex-depressivos" que, com técnicas como essa, de mudar a qualidade dos pensamentos, saíram do "buraco" onde se encontravam.

Como já vimos, o que acontece quando uma pessoa está em depressão sem tratamento é que os pensamentos negativos inundam sua mente e a insatisfação com a vida aumenta, assim como preocupações, culpas, medos etc.

Logo, você até consegue ajudar um deprimido a mudar a postura dele em um evento e pode ser que ele consiga manter aquilo por alguns dias, mas se não houver o tratamento correto com o tempo a pessoa volta à estaca inicial. Daí, fica pior porque vem a culpa junto. "Gastei uma grana imensa em um evento *top* e saí dali me sentindo o super-homem. E agora não sei o que fazer porque a angústia que me consome é tão grande que parece que estou mais perdido do que antes."

Recebo muitos clientes com essas queixas, recebo mensagem de pessoas que estão vivendo tais experiências, encontro em meus treinamentos clientes que desabafam comigo nesse sentido.

O que acontece é que o pensamento de querer ser feliz já o deixa infeliz. Porque se você precisa ser feliz é porque você ainda não é. Então você começa a buscar os defeitos nas pessoas com quem você se relaciona para saber de quem é a culpa pela sua infelicidade ou então começa a super valorizar os defeitos do seu chefe ou da empresa onde trabalha ou da casa onde vive ou do país onde você nasceu e por aí vai. Pare com isso. É hora de sair desse ciclo doentio.

Vamos deixar essa autocobrança e viver cada dia apreciando o que temos, como somos e quem está conosco. Vamos apreciar o que comemos, o que vestimos e onde dormimos. A apreciação é a vacina contra essa luta angustiante pela felicidade.

Outro fator de infelicidade são as mídias sociais, como já falamos. As pessoas não mostram que também "têm intestinos". Isso não vende, não encanta, nem dá *likes*.

Ninguém quer escancarar que também tem momentos péssimos. Ficamos postando fotos de lugares lindos, corpos malhados, relacionamentos invejáveis, porque é o que temos orgulho em mostrar (e, evidenciando o que temos de bom, ignoramos o que não gostamos em nossa vida) só que na verdade todos sofremos lutas e decepções.

É legal ver coisas bonitas e desejar coisas melhores, não é só você que gostaria de algo melhor, está tudo bem querermos mais desde que estejamos dispostos a pagar pelo preço para alcançar aquilo e, muitas vezes, o caminho é doloroso, difícil e não cheio de felicidade como muitos querem acreditar idiotamente.

A pessoa que acabou de postar sua "barriga tanquinho" precisou passar mais fome e abdicar de mais desejos imediatos do que você que não resiste a um doce ou alimento processado. O casal que está cheio de filhos lindos não dorme a noite toda como você. A médica sorridente e bem-sucedida passou anos estudando e abdicando de momentos de festas, viagens e outros para estar onde chegou.

A mídia mostra um mundo irreal, que faz as pessoas se sentirem cada vez menos felizes com sua aparência física, com o corpo que têm, com as casas que compraram, com os parceiros que escolheram, parece que só os outros se divertem. Daí, quando você consegue sair e se divertir, vem o gatilho do dedo no celular postando fotos para estampar que você também "é feliz". Tem aquele restaurante cobiçado, no qual todo mundo está postando os pratos mais maravilhosos... e lá vai o outro postando que também esteve ali. Porém, aquele que só pode comer um arroz com ovo, ou nem isso, fica vendo as fotos e imaginando como sua vida seria muito mais feliz se fosse como a dos outros.

Tenho procurado conscientizar meus seguidores, clientes e pacientes quanto a isso. Quando não estou legal também mostro nas mídias, lógico que não vou filmar uma crise depressiva porque isso pode, não só chocar, mas ser um gatilho para outras pessoas se sentirem tristes e desesperadas como eu naquele momento (neurônios espelho).

Existe uma pressão interna e externa que oprime, "você não tem motivos para reclamar", "tem uma vida confortável", como se tivéssemos obrigação de estar bem dispostos, demonstrar alegria e contentamento custe o que custar.

Não me venha com essa conversa de plenitude! O dia em que meu humor está legal e eu quiser sorrir, dou gargalhadas. O dia em que meu humor está péssimo e estou me achando o sentindo péssima, não sou obrigada a sorrir para agradar e satisfazer o outro. Sei quem eu sou, conheço meus desequilíbrios e gosto de reconhecer minha humana maneira de viver.

Quando acaba a autocobrança para "ser feliz", vem o que chamo de paz interior e a sensação tão desejada por muitos: a felicidade.

Nossa vida é feita de momentos. Momentos felizes e momentos tristes, dependendo de algumas variáveis de que já falamos (alterações químicas, psíquicas, gatilhos, condições externas etc.).

Posso estar feliz quando estiver me sentindo bem, posso estar triste quando não estiver me sentindo bem. Você se lembra do filme "Divertidamente" da Disney? É isso aí! Precisa haver espaço para a alegria e também espaço para a tristeza, pois todas as emoções são úteis, existem para um propósito para o nosso sistema sobreviver.

Eu acredito que estamos de passagem neste mundo, então para que buscar felicidade em tudo nesta vida, se nossa vida não foi planejada para ser somente aqui?

É verdade que não podemos nos conformar com as coisas deste mundo. Se nos conformarmos, como vamos evoluir? Conformar-se com a crueldade? Com as aparências mentirosas?

Contudo, nosso principal foco precisa estar no que é bom para vivermos com alegria e valentia, para enfrentarmos os desafios propostos pela vida. Se voltarmos nossa atenção para o que há de ruim, como viveremos bem?

Precisamos crescer, crescer espiritualmente. Ficar desconfortável com as coisas do mundo faz parte desse crescimento espiritual que precisamos para nos aproximarmos do Criador.

A plenitude está muito além do que os nossos olhos podem ver, pois a espiritualidade em nós pode nos preencher com forças, alegria, trazendo felicidade.

Há um desgaste no dia a dia que faz diminuir em nós a esperança e a fé; a visitação de Deus em mim tem o poder de me preencher, renovar e transformar.

O Criador quer nos fazer vencer a dor. Nele está a transformação que qualquer pessoa precisa: a angústia em alegria; a guerra em paz; a dor em saúde. Nele está o impossível para a ciência, mas o possível para aquele que acredita.

Felicidade não é um destino
ou estado a se encontrar,
é uma escolha na própria jornada.
Enquanto sua felicidade depender
do que lhe falta, você não fará
bom uso do que já tem. Aproveite
cada momento, aproveite seu dia,
sorria para você *agora mesmo*
e sinta, veja, ouça o prazer de
ser feliz. Conhecendo a si mesmo,
você saberá quais problemas
realmente está disposto a
enfrentar e como lidar de maneira
mais equilibrada possível.
Chega de vivermos escondidos,
com vergonha de ser quem
somos e acreditando que o outro
é mais feliz do que nós. Chega de
sofrermos por não alcançarmos
as expectativas impostas
por nossos pais, nossa família,
pela sociedade.

PERGUNTAS PARA REFLEXÃO

- Quantas vezes você se culpou por não ter o equilíbrio idealizado ou imposto?

- Você consegue, agora, se perdoar e jogar as culpas fora?

- Percebe que pequenas coisas nos fazem felizes e que a felicidade depende muito mais de nós e não do que nos cerca?

CAPÍTULO 10

TEMOS VALOR

Tu criaste o íntimo do meu ser e me
teceste no ventre de minha mãe.
Salmo 139.13

Descobri o meu valor quando deixei de me incomodar com as cobranças alheias e aprendi a desenvolver a minha individualidade em Deus.

Quem eu sou para Deus?

Quem eu sou em Deus?

E descobri que, acima das minhas falhas e imperfeições, inclusive da minha enfermidade (depressão), está um grande valor que eu represento para o Criador. E isso é um mistério instigante.

Ao meditarmos e considerarmos a existência de nossa alma, podemos admirar a beleza que jamais envelhecerá e, sabendo disso, devemos viver refletindo a imagem de quem nos criou. Essa imagem não está nos nossos cabelos ou na cor dos olhos.

Somos preciosos, somos raros, logo temos nosso próprio valor. Ninguém foi um "acidente" do destino ou do universo, muito menos um erro. Fomos formados com a precisão daquele que não erra, com carinho por quem já tinha planos para nós. Temos de valorizar a nossa existência, independentemente das nossas imperfeições físicas ou dificuldades psicológicas.

Não importa quantos demônios tentam nos fazer cair, o Criador sempre estará disposto a nos levantar. O sofrimento nos causa dor, contudo nos ajuda a crescer.

Somos falhos? Sim. Imperfeitos? Sim.

Porém, nada disso diminui nosso valor e não muda o propósito do Criador para cada um de nós.

Levante sua cabeça e tenha orgulho de quem você tem se tornado, só você sabe o quanto tem sido difícil e dolorosa essa batalha. Bloqueie a expectativa externa sobre você e aprecie sua jornada, expectativas geram frustrações e o que o outro espera de você não é um problema seu, é dele.

Sua missão é agradar ao Criador em todas as coisas, é cuidar de si mesmo e amar os demais. Amar não significa ter de se tornar quem eles acham que você deve ser.

Jesus nos amou de tal modo que deu sua própria vida por cada um de nós, porém ele não mudou quem era para agradar aos outros. ele sabia que precisava permanecer firme em sua essência de amor, não se deixou influenciar pelo que queriam dele, nem se importou em suprir as expectativas egoístas daqueles que o criticavam ou até dos que diziam amá-lo.

Serviu, amou, perdoou, ensinou e salvou!

Ele não veio para nos condenar. O que nos destrói são as crenças destrutivas ligadas à autocondenação, o que acreditamos sobre nós mesmos precisa ser mudado pelo exercício da fé e não pelo nosso passado. Jesus queria que as pessoas se sentissem amadas por Deus.

Mesmo os que não são cristãos, se observarem o comportamento dos maiores líderes religiosos, de pensadores, que a humanidade já teve ou ainda tem, poderão ver características marcantes como: serviço, amor, perdão, lições a serem seguidas.

Jesus lhes disse: "Os reis das nações dominam sobre elas [...]. Mas, vocês não serão assim. Pelo contrário, o maior entre vocês deverá ser como o mais jovem, e aquele que governa como o que serve"
Lucas 22.25,26

Amor é respeito, é cuidado. O amor se multiplica quando é distribuído, quando amamos a nós mesmos e reconhecemos o valor de nossa existência. Esse amor não justifica nossos erros, nem os erros dos outros, mas perdoa.

Ame-se, respeite sua essência. O amor nos impulsiona nessa direção e nos faz ter sentido na vida.

Não aquele amor egoísta, egocêntrico, que procura sobretudo interesses pessoais, mas o amor ingênuo e genuíno. Aquele que consegue amar quem o persegue e critica, o amor que consegue perdoar aquele que quase deixou você sem comida para sua própria filha, o amor que perdoa aquele que o roubou porque sabe que o que é seu antes era do seu Pai, acima de tudo veio pela bênção de Deus.

O amor que olha nos olhos de alguém que está encostando uma arma na sua testa e diz que irá matá-lo e, ao invés de sentir medo ou indignação, sente paz e piedade por aquele que talvez esteja tão perdido que não consegue controlar seu próprio eu.

Talvez tamanho amor e empatia que carrego ainda causem crises depressivas. Se for, tudo bem. Isso que me sustentou até hoje e não me deixou desistir de mim e da humanidade.

Que mérito vocês terão, se amarem aos que os amam? [...] E que mérito terão, se fizerem o bem àqueles que são bons para com vocês? [...] E que mérito terão, se emprestarem a pessoas de quem esperam devolução? [...] Amem, porém, os seus inimigos, façam-lhes o bem e emprestem a eles, sem esperar receber nada de volta.
Lucas 6.32-35

 *Eu estou no criador e ele está em mim!* Leia novamente a frase. Anote-a em algum lugar em que você possa ler todos os dias: cole pela casa toda esse lembrete até você não precisar mais ler para se lembrar disso. Toda a preocupação com o outro que desvaloriza você é inútil.

CONCLUSÃO

Tenho orgulho quando consigo chegar ao final de um livro, tendo lido ele todo; você não faz ideia da energia e do esforço que preciso dedicar para que isso aconteça.

Daí já vou logo conferir quantas páginas tem a conclusão, porque afinal de contas é "só uma conclusão", é o final de tudo; na minha mente hiperativa tem de ser breve, direta e sem delongas. Se vejo uma conclusão com muitas páginas confesso que vou pulando linhas para fechar aquele livro logo e já começar a implementar os projetos das ideias que tive durante aquela leitura.

Por isso pretendo ser breve!

O equilíbrio pessoal passou a ser um grande desafio para as pessoas, os valores humanos estão sendo postos de lado, os bens materiais agora têm maior importância que a própria essência humana e espiritual. Creio que estamos diante de um desafio jamais visto em toda a história da humanidade: o de resgatar nossa conexão com o espiritual e potencializar nosso ser emocional.

Não é fácil ver uma criança abandonada ou rejeitada e sentir o que ela está sentindo, não é fácil abraçar uma pessoa que foi violentada sexualmente, sentir a dor que ela está sentindo e conseguir dizer com certeza: "Vai dar tudo certo". Dói conhecer um suicida, olhar em seus olhos de profunda dor emocional, abraçá-lo e garantir: "Você merece viver para vencer isso, você não está sozinho".

Muitas vezes preciso ter momentos sozinha para chorar, colocar aquela dor para fora de alguma maneira, entrar em uma banheira e flutuar naquela água quente mentalizando os céus, Deus e toda a sua força e bondade. Outras vezes, preciso caminhar na praia, colocar os pés na areia e visualizar a imensidão do mar para sentir a imensidão do meu Deus.

Após alguns treinamentos que dou, muitas vezes, preciso ir para locais afastados, no meio da natureza, recarregar as energias.

Somos soldados da mesma guerra, precisando ser encorajados para ter valentia e não desistir, soldados que têm a obrigação de ajudar o outro que foi baleado e ser ajudado de vez em quando também.

Termino este livro com um apelo: *desperte para a beleza do seu valor!*

Não deixe as coisas deste mundo tirar o seu foco, desviar seus passos do seu propósito espiritual. Se você ainda não sabe qual é o seu propósito, busque, peça a Deus e ele lhe mostrará.

E quando Deus lhe mostrar, siga-o com todas as forças que você tem, elimine as distrações do seu caminho, afaste-se daqueles que não estão na mesma sintonia, desvie das pedras que atirarem em você: guarde-as com gratidão, um dia você vai construir o seu castelo, assim como estou construindo o meu.

Deus escolheu você, siga em frente de forma resoluta.

PERGUNTAS PARA REFLEXÃO

- Quais suas principais qualidades e virtudes, seus principais dons e talentos?

- Consegue perceber o valor que existe na sua existência?

AMERICAN MEDICAL ASSOCIATION. *Essencial Guide to Depression.* New York: Pocket Books, 1998.

AMERICAN PSYCHIATRIC ASSOCIATION. *Manual diagnóstico e estatístico de transtornos mentais* (DSM-5). Trad. Maria Inês Corrêa Nascimento. – 5.ed. – Porto Alegre: Artmed, 2014.

BAKER, Mark W. *Jesus, o maior psicólogo que já existiu.* Trad. Cláudia Gerpe Duarte. Rio de Janeiro: Sextante, 2005.

BEAUREGARD, Mario; O'LEARY, Denise. *O cérebro espiritual:* Uma explicação neurocientífica para a existência da alma. Rio de Janeiro: Best Seller, 2010.

BENNETT, Art; BENNETT, Laraine. *The Temperament God Gave You.* Manchester: Sophia Institute Press, 2005.

BÍBLIA. Português. Bíblia de Estudo Esquematizada. Trad. Ferreira de Almeida. Barueri, SP: Sociedade Bíblica do Brasil, 2012.

BROWN, Brené. *A coragem de ser imperfeito:* Como aceitar a própria vulnerabilidade, vencer a vergonha e ousar ser quem você é. Trad. Joel Macedo. Rio de Janeiro: Sextante, 2016.

CHAPMAN, Gary. *As 5 linguagens do amor:* Como expressar um compromisso de amor a seu cônjuge. Trad. Emírson Justino – 3. ed. – São Paulo: Mundo Cristão, 2013.

COLLINS, Gary R. *Aconselhamento Cristão:* Edição Século 21. Trad. Lucília Marques Pereira da Silva. São Paulo: Vida Nova, 2004.

REFERÊNCIAS BIBLIOGRÁFICAS

CURY, Augusto. *O funcionamento da mente:* Uma jornada para o mais incrível dos universos. São Paulo: Cultrix, 2016.

FOX, Emmet. *The 7 Day Mental Diet.* Merchant Books, 2013.

FRY, Hannah. *The Mathematics of Love.* New York: TEDBooks, 2015.

GOLEMAN, Daniel, Ph.D. *Inteligência emocional:* A teoria revolucionária que redefine o que é ser inteligente. TRAD. Ana Amélia Schuquer. - 53. ed. - Rio de Janeiro: Editora Objetiva, 1995.

HANSON, Rick, Ph.D.; MENDIUS, Richard. *O cérebro de Buda:* Neurociência prática para a felicidade. Trad. Bianca Albert. - São Paulo: Alaúde Editorial, 2012.

HERCULANO-HOUZEL, Suzana. *Fique de bem com seu cérebro:* Guia práticopara o bem-estar em 15 passos. Rio de Janeiro: Sextante, 2007.

HEY, Louise L. *Heal Your Body A-Z.* Carlsbad, CA: Life Styles, 1998.

LIEBERMAN, Matthew D. Social – *Why Our Brains Are Wired to Connect.* Portland: Broadway Books, 2014.

LIPTON, Bruce H., Ph.D. *The Biology of Belief* - unleashing the power of consciousness, matter & miracles. 10. ed. United States of America: Hay House, 2015.

MEU VALOR   Depressão, eu te conheço.

MANSON, Mark. *A sutil arte de ligar o foda-se:* Uma estratégia inusitada para uma vida melhor. Trad. Joana Faro. Rio de Janeiro: Intrínseca, 2017.

NICOLAU, Adriano N. da Silva. *Depressão e a terapia cognitivo comportamental.* Middletown, DE: [s.n], 2018.

POLANCO, Danilo, Ph.D. *Os Cinco Temperamentos.* Santo André, SP: Geográfica, 2017.

POLANCO, Danilo, Ph.D. *Quieres Trascender?* – Identifique e desarrolle las fortalezas de su temperamento. Palm Coast: Esquire Publications, 2012.

RAMACHANDRAN, V.S. *O que o cérebro tem para contar:* Desvendando os mistérios da natureza humana. Rio de Janeiro: Zahar, 2014.

RICARD, Matthieu; SINGER, Wolf. *Cérebro e meditação:* Diálogos entre o budismo e a neurociência. Trad. Fernando Santos. São Paulo: Alaúde Editorial, 2018.

ROBBINS, Anthony. *Date with Destiny.* Palm Beach, FL: Robbins Research, Inc., 2017.

ROBBINS, Anthony. *Desperte o seu gigante interior.* Trad. Haroldo Netto, Pinheiro de Lemos. - 27. ed. - Rio de Janeiro: BestSeller, 2016.

ROBBINS, Tony. *Poder sem limites:* A nova ciência do sucesso pessoal. Trad. Muriel Alves Brazil.- 31. ed. - Rio de Janeiro: BestSeller, 2018.

SMELLY, Gary; TRENT, John. *El Amor es una Decisión* - técnicas probadas para mantener el matrimonio vivo y vibrante. Nashville: Grupo Nelson, 2013.

STANIER, Michael Bungay. *The Coaching Habit,* Say Less, Ask More & Change the Way You Lead Forever. Toronto: Box of Crayons Press, 2016.

TAUBES, Gary. *Açúcar: culpado ou inocente?* Um relato fascinante sobre o nosso vício por doces e as consequências para a nossa saúde. (The Guardian). Trad. Caroline Chang. Porto Alegre: L&PM, 2018.

TIEPPO, Carla. *Uma viagem pelo cérebro:* A via rápida para entender a neurociência. São Paulo: Conectomus, 2019.

WILLIAMS, Mark *et all. The Mindful Way through Depression* - freeing yourself from chronic unhappiness. New York: The Guilford Press, 2007.

ADISSON, Nancy. 30 Superfoods To Support A Healthy Diet & Reduce Depression. Yourtango, 2020. Disponível em: <https://www.yourtango.com/experts/nancy-addison/super-foods-treat-depression-naturally-healthy-diet>. Acesso em: 30 de jan. de 2021

CALHEIROS, Angélica. Jim Carrey: depressão e arte em minidocumentário viral. CVV, 2017. Disponível em: <https://www.cvv.org.br/blog/jim-carrey-depressao-e-arte-em-minidocumentario-viral/ >. Acesso em: 09 de Nov. de 2019.

MEU VALOR Depressão, eu te conheço.

COITADO. *In* Dicionário InFormal. 2006. Disponível em: <https://www.dicionarioinformal.com.br/coitado/>. Acesso em: 09 de nov. de 2019.

Como você está? Como está sua saúde mental? Disponível em: <https://einstein.br/saudemental>. Acesso em: 31 de ago. de 2021.

CRISE. *In*: Wikipedia: a enciclopédia livre. Disponível em: <https://pt.wikipedia.org/wiki/Crise>. Acesso em: 21 de jan. 2020.

D'ASSUMPÇÃO, Evaldo. A dor da alma. Domtotal, 2019. Disponível em: < https://domtotal.com/noticia/1348287/2019/04/a-dor-da-alma/>. Acesso em: 30 de ago. de 2021.

DEUS, Pérsio Ribeiro Gomes de. Depressão: sintomas, causas, tratamento e tem cura? Minha Vida, 2021. Disponível em: <https://www.minhavida.com.br/saude/temas/depressao>. Acesso em: 06 de dez. de 2019.

DOR. *In*: Wikipedia: a enciclopédia livre. Disponível em: <https://pt.wikipedia.org/wiki/Dor>. Acesso em: 20 de jan. de 2020.

FRIEDE, Reis. A dor física, a dor emocional e a dor social. Jus.com.br, 2020. Disponível em: <https://jus.com.br/artigos/79423/a-dor-fisica-a-dor-emocional-e-a-dor-social>. Acesso em: 20 de jan. de 2020.

GONZALO, Angelo. Jean Watson - Teoria do Cuidado Humano. Nurseslabs, 2021. Disponível em: <https://nurseslabs.com/jean-watsons-philosophy-theory-transpersonal-caring/>. Acesso em: 30 de mar de 2021.

REFERÊNCIAS BIBLIOGRÁFICAS

O ASPECTO FÍSICO DA DEPRESSÃO. SANOFI Programa Viva, 2021. Disponível em:

<https://www.programaviva.com.br/>. Acesso em: 23 de ago. de 2021.

O ASPECTO QUÍMICO DA DEPRESSÃO. SANOFI Medley Farmacêutica. 2016. Disponível em: <https://www.falafreud.com/blog/diagnosticos/depressao-e-genetica/>. Acesso em: 06 de dez. de 2019.

O QUE CAUSA DEPRESSÃO? GATILHOS E OS MISTÉRIOS SOBRE A DOENÇA. SANOFI Medley Farmacêutica. 2016. Disponível em: <https://www.medley.com.br/podecontar/quero-ajudar/gatilhos-da-depressao>. Acesso em: 06 de dez. de 2019.

PASSOS, Letícia. Espiritualidade deve ser assunto nas consultas, diz novo documento médico. Veja, 18 de set. de 2019. Disponível em: <https://veja.abril.com.br/saude/espiritualidade-deve-ser-assunto-nas-consultas-diz-novo-documento-medico/>. Acesso em: 06 de dez. de 2019.

PETIPRIN, Alice. Filosofia e Ciência do Cuidado de Watson. Nursing Theory, 2020. Disponível em: https://nursing-theory.org/theories-and-models/watson-philosophy-and-science-of-caring.php>. Acesso em: 31 de dez. de 201920.

PUTRACETOL. Vetor de Putracetol. Depositphotos. 2018. Disponível em: <https://br.depositphotos. com/200711812/stock-illustration-key-idea-logo-icon-design.html>. Acesso em: 09 de Nov. de 2019.

RAJA, Srinivasa N. *et all.* Definição revisada de dor pela Associação Internacional para o Estudo da Dor: conceitos, desafios e compromissos. Trad. Diretoria da Sociedade Brasileira para o Estudo da Dor - Gestão 2020 - 2021. Disponível em: <https://sbed.org.br/wp-content/uploads/2020/08/Definicao-revisada-de-dor_3.pdf>. Acesso em: 31 de ago. de 2021.

RECEPTOR OPIOIDE. *In:* Wikipedia: a enciclopédia livre. Disponível em: <https://pt.wikipedia.org/wiki/Receptor_opioide>. Acesso em: 20 de jan. de 2020.

WORLD HEALTH ORGANIZATION (WHO). Depression. 2020. Disponível em: <https://www.who.int/news-room/fact-sheets/detail/depression>. Acesso em: 19 de nov. de 2019.

ANTONIO ARCHANGELO. Fatores motivacionais nos processos educativos. Piramide de Maslow. Disponível em: < https://antonioarchangelo.com/2020/05/22/fatores-motivacionais-nos-processos-educativos/ >. Acesso em: 19 de out. de 2021.

REFERÊNCIAS BIBLIOGRÁFICAS

MAIA DE OLIVEIRA, ROSA MARIA Y FIGUEIRA, AGOSTINHO (2017). Solidão, tecnologia e inversão de valores com base na Pirâmide de Maslow. Disponível em: <https://www.aacademica.org/000-067/700.pdf >. Acesso em: 19 de out. de 2021.

O QUE EU REALMENTE GOSTO?

O QUE EU REALMENTE NÃO GOSTO?

EXERCÍCIO DO PERDÃO

Fale ou mentalize as 4 frases abaixo.

É importante começar para si mesmo, então diga o seu nome, ou como você normalmente chama a si mesmo, e em seguida a frase.

Por exemplo:
Marta, eu te amo.
Marta, eu te agradeço.
Marta, eu sinto muito.
Marta, eu te perdoo.

Você vai fazer isso repetidamente e, durante o processo, seu inconsciente vai trazer para o consciente varias situações em que você: não se amou, não se perdoou, não agradeceu a si próprio etc. Continue repetindo o processo.

Isso será o início para libertar-se.

Naturalmente, você começará se lembrar de algumas pessoas e situações. Então faça o exercício para essas pessoas. Uma por vez. Pode dizer o nome, como você chama essa pessoa ou simplesmente pensar na pessoa e dizer / pensar nas frases.

Por exemplo: Pai, eu te amo. Pai, eu te agradeço. Pai, eu sinto muito. Pai, eu te perdoo.

Uma pessoa por vez! Repita varias vezes para a mesma pessoa, até você sentir que pode lembrar, ouvir, ver ou, até mesmo, conviver com essa pessoa conseguindo amá-la, respeitá-la, apreciá-la e perdoá-la (como ela é e pelo que fez ou ainda faz).

EU TE AMO
EU TE AGRADEÇO
EU SINTO MUITO
EU TE PERDOO

O QUE ME FAZ BEM?

(Como devo agir, pensar, falar de modo que me sinta bem; onde devo ir e com quem devo estar para me sentir bem; de que maneira posso orar para me sentir ainda melhor; o que me traz prazer e alívio; o que é realmente importante para mim; o que está na minha essência e devo cultivar; quais pensamentos devo nutrir; etc.)

GRATIDÃO

Faça uma lista com 30 itens em sua vida,
pelos quais você pode ser grato a Deus.
Sou grato por:

MEU VALOR

O que me impede hoje de reconhecer o meu valor?

De quem espero reconhecimento e, por isso, tenho me frustrado?
como fazer para deixar de colocar no outro a responsabilidade
de reconhecer o meu valor?

Isso é real ou fruto dos meus pensamentos?
se for real, como posso trabalhar essas questões em minha vida,
para viver livremente quem sou, respeitando meu valor em cristo?

Onde posso buscar ajuda quando precisar?

Com quem posso contar, para me ajudar no
processo de autovalorização em deus?

SOME 1 PONTO PARA CADA RESPOSTA EM NEGRITO QUE VOCÊ ESCOLHER:

1. Você está basicamente satisfeito com sua vida?	Sim	**Não**
2. Você tem desistido ou abandonado muitas de suas atividades e seus interesses?	**Sim**	Não
3. Você sente que sua vida está vazia?	**Sim**	Não
4. Você fica entediado com frequência?	**Sim**	Não
5. Você está de bom humor a maior parte do tempo?	Sim	**Não**
6. Você tem medo de que algo ruim aconteça com você?	**Sim**	Não
7. Você se sente feliz a maior parte do tempo?	Sim	**Não**
8. Você costuma se sentir impotente?	**Sim**	Não
9. Você prefere ficar em casa a sair e fazer coisas?	**Sim**	Não
10. Você sente que tem mais problemas com memória do que a maioria das pessoas?	**Sim**	Não
11. Você acha maravilhoso estar vivo agora?	Sim	**Não**
12. Você se sente inútil do jeito que está agora?	**Sim**	Não
13. Você se sente cheio de energia?	Sim	**Não**
14. Você sente que a sua situação é desesperadora?	**Sim**	Não
15. Você pensa que a maioria das pessoas tem uma condição melhor que a sua?	**Sim**	Não

Total Pontuação: _____

A pontuação maior ou igual a 5 pode sugerir processo depressivo.

Praticando meditação no dia-a-dia (Mindfulness)

Mindfulness (atenção plena, em português) é um estado mental que tem a finalidade de *trazer o corpo para o momento presente* em que seja possível perceber pensamentos, identificar sensações corporais e emoções no momento em que ocorrem, evitando as reações automáticas. Com essa prática, são desenvolvidas habilidades para realizar *escolhas conscientes,* o que colabora no convívio com os desafios do dia a dia. O mindfulness melhora o foco, o autocontrole e a produtividade, fortalece o sistema imunológico, melhora a alimentação e proporciona a diminuição da ansiedade, do estresse e de dores crônicas.

 É possível realizar o mindfulnesse por meio de práticas de meditação tradicionais, mas ela também pode ser treinada durante vários momentos do dia:

- Focar em atividades cotidianas por um minuto (como escovar os dentes, pentear o cabelo, tomar banho) e procurar observar as sensações despertadas;

- Buscar diminuir as ações automáticas e focar nas sensações, no corpo, no ambiente, no sentimento despertado e em como se manter presente;

- Retomar a atenção de forma tranquila quando os momentos de distração surgirem durante atividades de meditação ou de atenção plena;

- Adotar uma atitude não julgadora que aceita as situações como são e que reconhece a realidade.

Fonte:
Livro "Medo, ansiedade e depressão", Melanie Pereira, Irismar Reis de Oliveira e Paulo Knapp. Pós-Graduação em Neurociência e Comportamento, página 9.

Esta obra foi impressa no Brasil e conta com a
qualidade de impressão e acabamento
Geográfica Editora.

Printed in Brazil.